e ESsiG

GROßE UND KLEINE FISCHE

Die Deutsche Bibliothek verzeichnet diese Publikation in der Deutschen Nationalbibliografie;
detaillierte bibliografische Daten sind im Internet unter http://dnb.ddb.de abrufbar.

Alle Abbildungen von Sven Brauer

Hohenlohestraße 21 – 28209 Bremen
Tel. 0421-34843-0 – Fax 0421-348094
info@edition-temmen.de
www.edition-temmen.de

Gesamtherstellung: Edition Temmen
ISBN 978-3-8378-4023-0

SVEN BRAUER

GROßE UND KLEINE FISCHE

Ein Kochbuch mit Meeresfrüchtchen, fetter Beute und dem großen Fang

INHALT

VORWORT

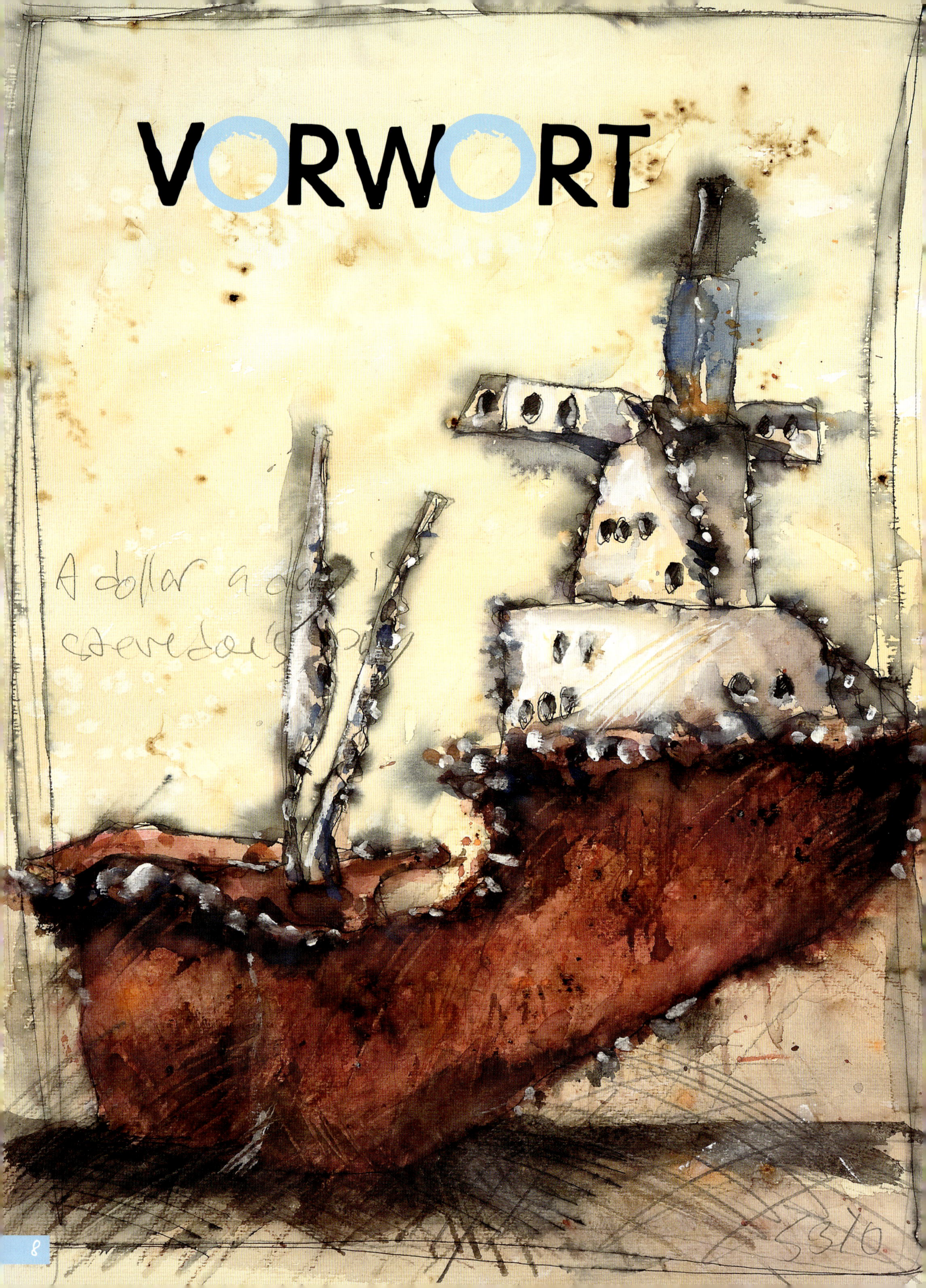

Was macht ein Kochbuch zu einem Kunstwerk? Was macht es zu einer Inspiration? Die Rezepte gehören natürlich zu einem Kochbuch wie der Kaviar zum Stör. Doch erst die Bilder komplettieren den Anspruch des Herausgebers. Seien es geschmackvolle Fotos oder, wie in dem vorliegenden Falle, kleine Gemälde.
Ich bin nur ein einfacher Käseverkäufer und Hobbykoch, besitze um die 40 Kochbücher und verfüge über die unendlichen Möglichkeiten des Internets. Die einen Kochbücher nimmt man gern in die Hand zum Arbeiten, die anderen sind anscheinend zu wertvoll, zu alt oder zu belanglos. Dieses Buch nimmt man nicht nur zum Kochen in die Hand, sondern eben auch zur Inspiration und zum Appetitanregen. Sven Brauer ist ein echter Hamburger. Hier liegen seine Wurzeln, unter anderem begründet durch die 40 Jahre lange Berufstätigkeit seines Opas auf dem Hamburger Fischmarkt. Sven arbeitet in der Tradition Horst Janssens, wie wohl unschwer zu erkennen ist, und doch hat die Malerei von Sven einen ganz eigenen Wiedererkennungswert. Helga Westphal, eine renommierte Künstlerin, gab ihm seinerzeit den Feinschliff, seitdem ist die Malerei Svens ständige Begleitung. Er bevorzugt die Arbeit an Aquarellen und Bleistiftzeichnungen, welche in diversen Galerien und Ausstellungen zu besichtigen sind, zumeist in der Hamburger Galerie »apollo9«.
Für sein vorhergegangenes Werk, welches unter erschwerten Umständen entstehen musste, dem »Huhn in Handschellen«, erhielt Sven den »Gourmand Cookbook Award 2007«. Eines ist den beiden wundervollen Büchern gemein: Sie leben von ihren einfachen, unkomplizierten und doch raffinierten Gerichten, welche nicht von Profiköchen konzipiert wurden, sondern von Freunden und Bekannten übernommen, von Gastronomen inspiriert und fremden Menschen mit einer Menge Überredungskunst aus den Taschen geleiert wurden. Machen Sie sich mal 'nen Kochabend der besonderen Art: Laden Sie sich ein paar Freunde ein, genehmigen Sie sich eine gute Flasche Wein, nehmen Sie alle gemeinsam das Buch in Ihre Mitte, suchen Sie sich etwas Leckeres raus – und kochen Sie! Sven Brauer wohnt mittlerweile in Hamburg-Bergedorf, ist als freier Künstler auf der Suche nach neuen Inspirationen und Kontakten (wer sonst kommt auf die Idee, seinen Käseonkel das Vorwort zu seinem neuen Buch schreiben zu lassen?!) und spielt schon wieder mit Gedanken und Ideen zu einem neuen Kochbuch. Ich freue mich drauf, denn selten sind zwei meiner Leidenschaften, das Kochen und die Kunst, so wunderschön miteinander verknüpft worden. Wenn's noch 'nen USB-Anschluss hätte, dann wäre es perfekt…

Nico Himmelreich

VORSPEISEN KLEINE FISCHE

In den Tiefen unserer Meere, Flüsse und Seen treffen wir nicht nur auf kapitale Burschen wie den Tunfisch, den Hecht oder den Wels – auch kleine Fische machen das Wasser unsicher. Und ermöglichen uns den Genuss von Sprotten, Sardinen oder auch des Herings. Aber auch aus großen Fischen kann der geschickte Koch – oder die Köchin – leckere Kleinigkeiten zaubern. Einige stellen wir Ihnen hier in diesem Kapitel mit unseren Vorspeisen vor.

Viel Spaß beim Nachkochen!

ROTES PESTO

Zutaten für 1 Glas
100 g Pinienkerne
3 Knoblauchzehen
1/4 rote Chilischote
300 g getrocknete Tomaten in Öl (aus dem Glas)
3 EL Tomatenöl
2 EL Tomatenmark
50 ml Wasser

Zubereitung

Alle Zutaten zusammen pürieren.

TOMATENÖL

Zutaten für 1 Portion
(ca. 500 ml)
2 TL Olivenöl, extra vergine
3 EL gehackter Knoblauch
1 EL frischer, gehackter Ingwer
100 g gehackte Zwiebel
100 g feinst gehackter Sellerie
3 EL frisches, gehacktes Basilikum
1 EL frischer, gehackter Oregano (oder 2 TL getrockneter)
2 frische Lorbeerblätter
6 EL Tomatenmark
8 EL fein gehackte Dosentomaten
300 ml Olivenöl, extra vergine

Zubereitung

Eine große, beschichtete Pfanne erhitzen und die 2 TL Olivenöl hineingeben. Nun Knoblauch, Ingwer, Zwiebeln, Sellerie, Basilikum, Oregano und die Lorbeerblätter, die alle gehackt wurden, zufügen und 5 Min. in der Pfanne verrühren. Dann das Tomatenmark und die Tomaten unterrühren, die Hitze reduzieren und ca. 15 Min. garen lassen. Nun die 300 ml Olivenöl hineingießen und weitere 20 Min. garen, dann vom Herd nehmen, abkühlen und über Nacht ziehen lassen. Alles durch ein feines Sieb gießen. Hält 2 Wochen im Kühlschrank. Zimmerwarm verwenden. Pesto und Tomatenöl sind eine wunderbare Verfeinerung zu beinahe jedem gegrillten Fisch. Und schmecken besonders lecker auf frisch geröstetem Brot…

ÜBERBACKENE MIESMUSCHELN

Zutaten für 4 Portionen
1500 g Miesmuscheln
3 Zehen Knoblauch
2 kleine Schalotten
1 Bund Petersilie
3 EL Paniermehl
100 g Butter
1 Glas Weißwein

Zubereitung

Muscheln in reichlich kaltes Wasser geben, einige Std. darin liegen lassen, das Wasser ab und zu erneuern. Die Muscheln anschließend gründlich bürsten, Bartbüschel entfernen, so lange abspülen, bis das Wasser vollkommen klar bleibt. Dann die Muscheln in kochendes Wasser geben. Weißwein zufügen. Kurz köcheln lassen, bis sich die Muscheln öffnen. Muscheln abgießen, kurz abkühlen lassen. Jeweils eine Muschelschalenhälfte entfernen. Die Schalen mit dem Muschelfleisch dicht nebeneinander auf ein Backblech setzen. Das Muschelfleisch muss oben liegen.

Füllung

Die Knoblauchzehen und die Schalotten abziehen und würfeln. Petersilie waschen, trocken tupfen und grob zerkleinern. Anschließend Petersilie, Schalotten und den Knoblauch klein hacken. Zu dem Pürierten 3 EL Paniermehl hinzufügen und gut verrühren, mit Salz und Pfeffer abschmecken. Das Ganze auf den Muschelhälften verteilen. Die Zitrone auspressen, 100 g Butter zerlassen, mit dem Saft der Zitrone verrühren und über die Muscheln träufeln. Das Ganze bei 200° C für 8 Min. im Backofen überbacken.
Wichtig: Nur frische Muscheln verwenden!

HECHT-FRIKADELLEN

Zutaten für ca. 8 Portionen
550 g Hechtfilet
2 Knoblauchzehen
2 Schalotten
1 Bund Basilikum
2 Eier
Butterschmalz
Butter
100 g Crème fraîche
1 Prise Muskat
1 Prise Cayennepfeffer
Salz
frisch gemahlener Pfeffer

Zubereitung

In einer Schüssel oder einem Topf werden das Hechtfilet, die beiden Eier, die Crème fraîche und die Gewürze gut durchpüriert. Mit Salz und Pfeffer abschmecken. Zu der Masse kommen dann der gehackte Knoblauch, die klein gehackten Schalotten und die gehackten Basilikumblätter.
Gut durchrühren. In einer großen Pfanne das Butterschmalz erhitzen, Frikadellen mit ca. 6 cm Durchmesser formen und von beiden Seiten so lange bei mittlerer Hitze braten, bis die Frikadellen gleichmäßig gebräunt sind. Als Beilage empfehle ich einen gemischten Salat oder ofenwarmes Baguette.

In Hamburg wird
der Hecht mit
Hack gefüllt!

TOLLER HECHT

Zutaten für 2 Portionen
600 g Hechtfilet
1 EL Zitronensaft
100 g Butter
Salz und Pfeffer
150 g geriebener Hartkäse
3 Eier
Roggenmehl zum Panieren
Worcestersauce

Zubereitung

Hechtfilets waschen und vorsichtig trocken tupfen, mit der Worcestersauce und dem Zitronensaft beträufeln, nach Belieben salzen und pfeffern. Den geriebenen Käse und die Eier verrühren. Die Filets zuerst in Mehl und dann in der Käse-Eier-Mischung wenden. In der Butter von beiden Seiten goldbraun braten und sofort servieren. Als Beilage empfehle ich Baguette, als Getränk ein kaltes Pils. Wer es pikanter mag, nimmt statt Emmentaler zum Beispiel einen italienischen Hartkäse.

hecht.

MELONENSUPPE MIT FLUSSKREBSEN

Zutaten für 4 Portionen
16 Flusskrebse (im Panzer)
2 Melonen (Charentais)
1/4 Ltr. weißer Portwein
einige Spritzer Limettensaft
einige Blätter Basilikum
einige Blätter Minze
Salz und Pfeffer

Zubereitung

Die Krebse in kochendem Wasser 10 Min. kochen. Herausnehmen und abtropfen lassen. Die Melonen halbieren. Weil sie als Suppenschalen beim Servieren verwendet werden, am besten die Schalen in Zacken schneiden. Das geht aber auch, nachdem das Fruchtfleisch entfernt ist. Die Kerne entfernen und mit einem kleinen Kugelausstecher 20 Kugeln aus dem Fruchtfleisch schneiden. Diese zur Seite geben. Das restliche Fruchtfleisch mit einem Löffel herauskratzen und beiseitestellen.
Die Melonenschalen unten gerade anschneiden, damit sie später auf Tellern stehen können. Ins Gefrierfach geben. Mit dem Stabmixer das beiseite gestellte Melonenfleisch in einer Schüssel pürieren. Mit dem Portwein und dem Limettensaft, Salz und Pfeffer recht herzhaft abschmecken. Die Blätter von Minze und Basilikum in feine Streifen schneiden, hinzugeben, durchrühren und für mindestens 2 Std. in den Kühlschrank stellen. Die Krebse ausbrechen, einige gesäuberte Köpfe für die Garnitur zur Seite stellen. Aus den ausgelösten Krebsschwänzen die Darmfäden ziehen. Die gefrosteten Melonenschalen auf Teller geben. Melonenkugeln und Krebsschwänze hineingeben. Mit der eiskalten Suppe auffüllen und die Teller mit den Krebsnasen garnieren.

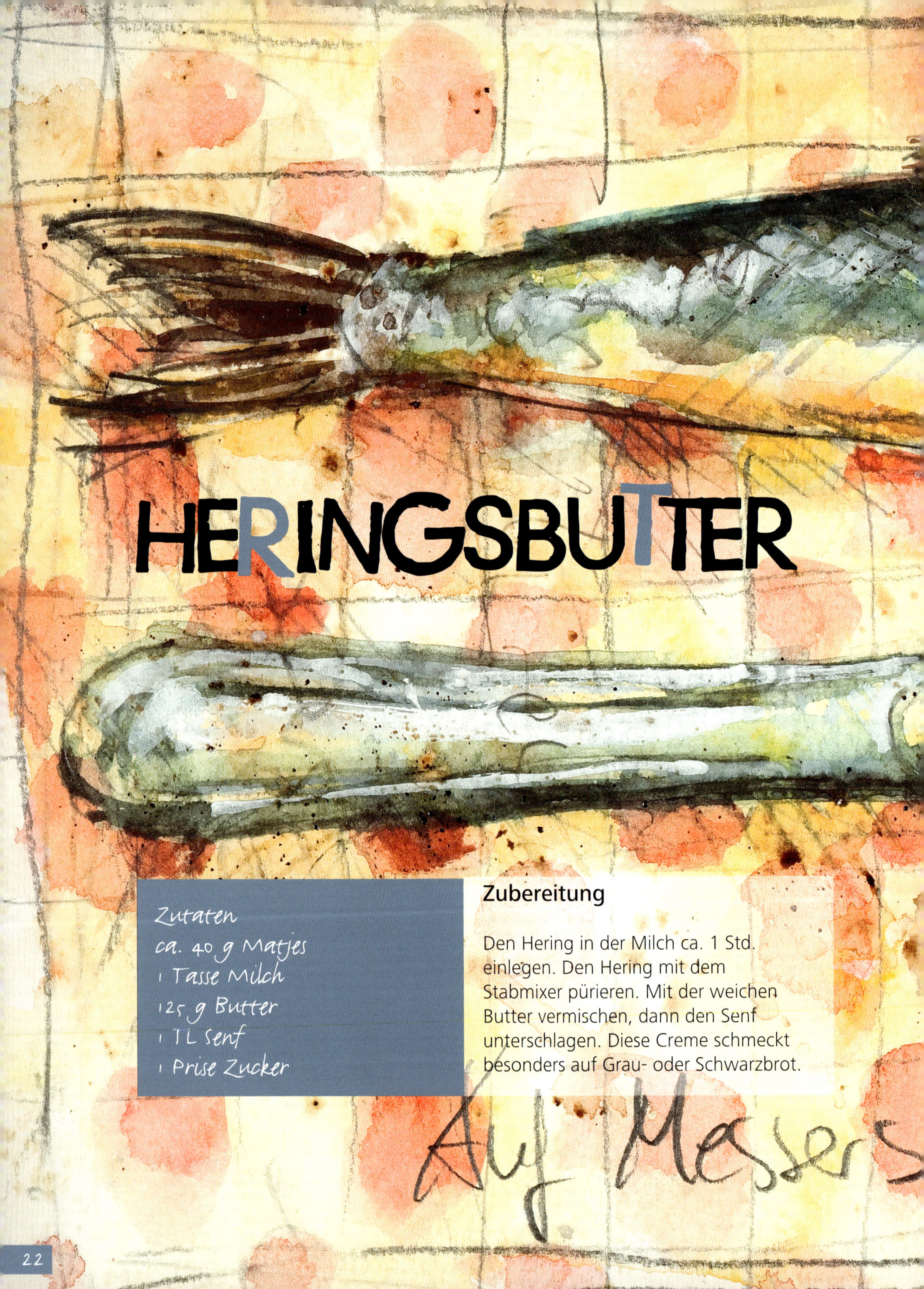

HERINGSBUTTER

Zutaten
ca. 40 g Matjes
1 Tasse Milch
125 g Butter
1 TL Senf
1 Prise Zucker

Zubereitung

Den Hering in der Milch ca. 1 Std. einlegen. Den Hering mit dem Stabmixer pürieren. Mit der weichen Butter vermischen, dann den Senf unterschlagen. Diese Creme schmeckt besonders auf Grau- oder Schwarzbrot.

GEBEIZTER SAIBLING

Zutaten für 4 Portionen
4 Saiblingfilets mit Haut

Für die Marinade:
12 Wacholderbeeren
3 Körner Piment
6 Körner schwarzer Pfeffer
1 1/2 TL Salz
1 TL Zucker

Mayonnaise:
1 Eigelb, am besten von Bioeiern
1/2 TL Zitronensaft
1 Prise Salz
frischer Pfeffer aus der Mühle
125 ml Öl, am besten Nussöl
3 TL Gin

Zubereitung

Piment und Pfeffer im Mörser zerstoßen. Wacholderbeeren zerhacken und zusammen mit dem Salz und Zucker in den Mörser geben und fein zerstoßen. Die Saiblingsfilets mit der Gewürzmischung einreiben, in Pergamentpapier einwickeln und in einer Plastiktüte verschließen. Für mindestens 24 Std. in den Kühlschrank legen, dabei beschweren. Mehrmals wenden. Vor dem Servieren die Filets vom Kopf- zum Schwanzende hin vorsichtig von der Haut schneiden. Für die Gin-Mayonnaise den Zitronensaft, das Eigelb, das Salz und den Pfeffer verrühren. Das Öl unter Rühren erst tropfenweise, dann in einem dünnen Strahl zugeben. Zum Schluss den Gin unterrühren.
Die gekühlte Mayonnaise mit den Saiblingsfilets servieren. Dazu passt ein ofenfrisches Baguette.

Kräuter
Quark
200g

MATJES-QUARK

Zutaten für 1 Portion
250 g Quark
3 EL Sahne
2 Matjesfilets
1 Gewürzgurke
1 Zwiebel
Pfeffer

Zubereitung

Den Quark mit der Sahne glatt rühren. Die Gurke, die Zwiebel und den Matjes klein schneiden und in den Quark rühren. Mit Pfeffer abschmecken. Salzen ist unnötig, denn die Matjesfilets sind gesalzen.

GEFÜLLTE TOMATEN

Zutaten für 4 Portionen
8 mittelgroße Tomaten
200 g Krabbenfleisch
1 Zwiebel
4 EL Mayonnaise
2 EL süße Sahne
1 EL Zitronensaft
1 EL frischer Dill
etwas Chilisauce
1 EL Wodka
Salz, Pfeffer

Zubereitung

Von den gewaschenen Tomaten ein Deckelchen abschneiden und die Tomaten aushöhlen. Die Tomaten innen salzen und pfeffern. Die Krabben mit dem Zitronensaft, der Mayonnaise, der Sahne, der fein gehackten Zwiebel und dem gehackten Dill vermischen. Mit Chilisauce, Wodka, Salz und Pfeffer sehr pikant abschmecken. Die Krabben-Mayonnaise in die Tomaten füllen und 30 Min. kühl stellen.

ersten Tomaten,

GARNELEN-DIPP

Zutaten
400 g frisches Garnelenfleisch
2 El Meerrettich, am besten frisch gerieben
200 ml Crème fraîche
2 Eier
2 El Schnittlauch
Salz
frisch gemahlener Pfeffer

Zubereitung

Die beiden Eier werden hart gekocht. In der Zwischenzeit wird die Crème fraîche mit dem Meerrettich und dem in kleine Röllchen geschnittenen Schnittlauch vermengt. Nach Belieben mit Salz und Pfeffer abschmecken. Sind die Eier fertig gekocht und abgekühlt, werden sie und die Garnelen klein geschnitten und vorsichtig unter die Schnittlauchcreme gehoben.
Dieser Garnelendipp passt sehr gut zu gegrillten Kartoffeln oder aufs Brot.

POCHIERTE AUSTERN

Zutaten für 4 Portionen
16 Austern
500 g Fisch-Abschnitte
1 Möhre
200 g Crème fraîche
1 Schuss Weißwein
1 Bund Dill
weißer Pfeffer
Meersalz (Fleur de Sel)

Zubereitung

Fischabschnitte, bei Köpfen die Kiemen mit der Schere herausschneiden, in Wasser bedeckt mit der geschnittenen Möhre ca. 20 Min. köcheln. Diesen Fond durch ein Sieb geben und auf ca. 1/4 Ltr. einkochen. Die Austern auslösen, Austernwasser auffangen und beides zusammen kühl stellen. Austernschalen säubern und beiseite stellen. Den reduzierten Fond mit Crème fraîche, Pfeffer, Wein und evtl. mit etwas Austernwasser abschmecken. Nach Belieben mit dem Fleur de Sel salzen. Mit dem Mixer aufschäumen. Austernschalen im Ofen erwärmen. Das Austernwasser durch ein Sieb geben, bei geringer Temperatur erhitzen und die Austern darin pochieren, etwa 2–3 Min. lang. Auf die Teller grobes Meersalz geben und die aufgewärmten Austernschalen daraufgeben. In jede Schale eine pochierte Auster geben und mit der aufgeschäumten Sauce auffüllen. Etwas Dill obendrauf, mit etwas Meersalz abschmecken.

fisch Muss schwimmen

FISCHSUPPE MIT GARNELEN

Zutaten für 4 Portionen
450 g Fischfilet, (3 Sorten mit fest kochendem Fleisch)
2 Karotten
1 Stange Lauch
2 Schalotten
2 EL Olivenöl
1 TL Zucker
200 ml Weißwein
600 ml Fischfond (aus dem Glas)
2 große, reife Fleischtomaten
4 ungekochte Garnelen
2 Zehen Knoblauch
1 Prise Cayennepfeffer
1 Prise Safran,
Anisette (optional)
Salz

Zubereitung

Das Gemüse putzen, die Schalotten in schmale Streifen, die Karotten in dünne Scheiben und die hellgrünen Teile des Lauchs in breitere Streifen schneiden. Schalotten und Karotten in einem großen Topf in Olivenöl langsam andünsten, salzen und den Zucker hinzugeben. Die Schalotten sollten keine Farbe bekommen. Dann den Lauch hinzugeben. Ab und zu umrühren. Nach ca. 3 Min. mit dem Weißwein ablöschen, aufkochen lassen und den Fischfond angießen. Safran zugeben. In der Zwischenzeit die Tomaten heiß überbrühen,häuten, entkernen, die Stielansätze und Kerne entfernen und das Fruchtfleisch in kleine Würfel schneiden. Die Fischfilets in mundgerechte Stücke schneiden, von den Shrimps die Schale entfernen und den Rückendarm herausziehen. Alles in den Gemüse-Fischfond gleiten lassen und 10 Min. gar ziehen lassen. Die Knoblauchzehen in dünne Scheiben schneiden und in die Suppe geben Mit dem Cayennepfeffer würzen. Kurz vor dem Servieren die Tomatenwürfel hinzugeben, die Suppe soll nicht mehr kochen. Optional einen guten Schuss Anisette (zum Beispiel Pernod) dazugeben. Ich gebe gerne einen TL saure Sahne auf den Teller, bevor die Suppe serviert wird.

gEPaNZErT

…ch harmonischer
…teinander

– und wir haben's
nicht geschafft –

Fenchel hat
ausgeprägtes
Anisaroma

…ider gemeiner
…eehkrebs

S. Braun

TASCHENKREBS AUF

Zutaten für 2 Portionen
2 Taschenkrebse
2 EL Olivenöl
1 kleine Schalotte
1 Zehe Knoblauch
200 ml Sahne
100 ml Fischfond (aus dem Glas)
4 cl Cognac
1 TL Hummerpaste (aus der Tube)
Salz und Pfeffer

Püree:
200 g Kartoffeln
50 g Topinambur
1 EL Crème fraîche
1/2 Tasse Milch
Salz und Pfeffer
Muskat

Zubereitung

Die Kartoffeln und die Topinambur schälen und in wenig Salzwasser garen. Das Wasser anschließend abgießen, Crème fraîche hinzufügen und durch eine Presse drücken. Nach Bedarf auf jeden Fall etwas heiße Milch dazugeben. Mit Salz, Pfeffer und frischem Muskat abschmecken. Die Taschenkrebse in kochendem Wasser ca. 10 Min. kochen und abkühlen. Die Krebse aufbrechen, das Fleisch heraustrennen. Die Beine und die Scheren mit dem Messerrücken leicht zertrümmern und ebenfalls das Fleisch herausziehen. Einige Beine und den Deckel des Panzers für die Dekoration beiseite stellen, gründlich waschen und im vorgeheizten Backofen bei 160° C Umluft 5 Min. trocknen.Das Olivenöl in einer Pfanne erhitzen, die klein gehackte Schalotte und den ebenfalls klein gehackten Knoblauch andünsten. Das Taschenkrebsfleisch dazugeben und kurz mitbraten. Mit dem Cognac ablöschen, Fischfond und Sahne aufgießen und die Hummerpaste einrühren. Die Sauce etwas einkochen lassen und mit Salz und Pfeffer abschmecken.

Präsentation

Kartoffel-Topinambur-Püree auf den vorgewärmten Tellern kreisförmig anrichten. Krebsfleisch mit der Sauce in die Mitte geben. Mit dem Panzer und den Beinen des Krebses dekorativ anrichten.

PÜREE

isst sie aber frittiert im Ganzen

GRILL-SPROTTEN

Zutaten für 6 Portionen

300 g Kieler Sprotten
3 EL Olivenöl
12 grüne Oliven, mit Paprikafüllung
1 Bund Majoran
Salz und Pfeffer

Zubereitung

Die Oliven in Scheiben schneiden, den Majoran waschen. 6 Blätter Alufolie mit Öl bestreichen.
Die Sprotten und Oliven darauf verteilen und mit Salz und Pfeffer abschmecken, Majoran daraufgeben. Die Alufolie gut verschließen und auf dem heißen Grill ca. 8 Min. garen.

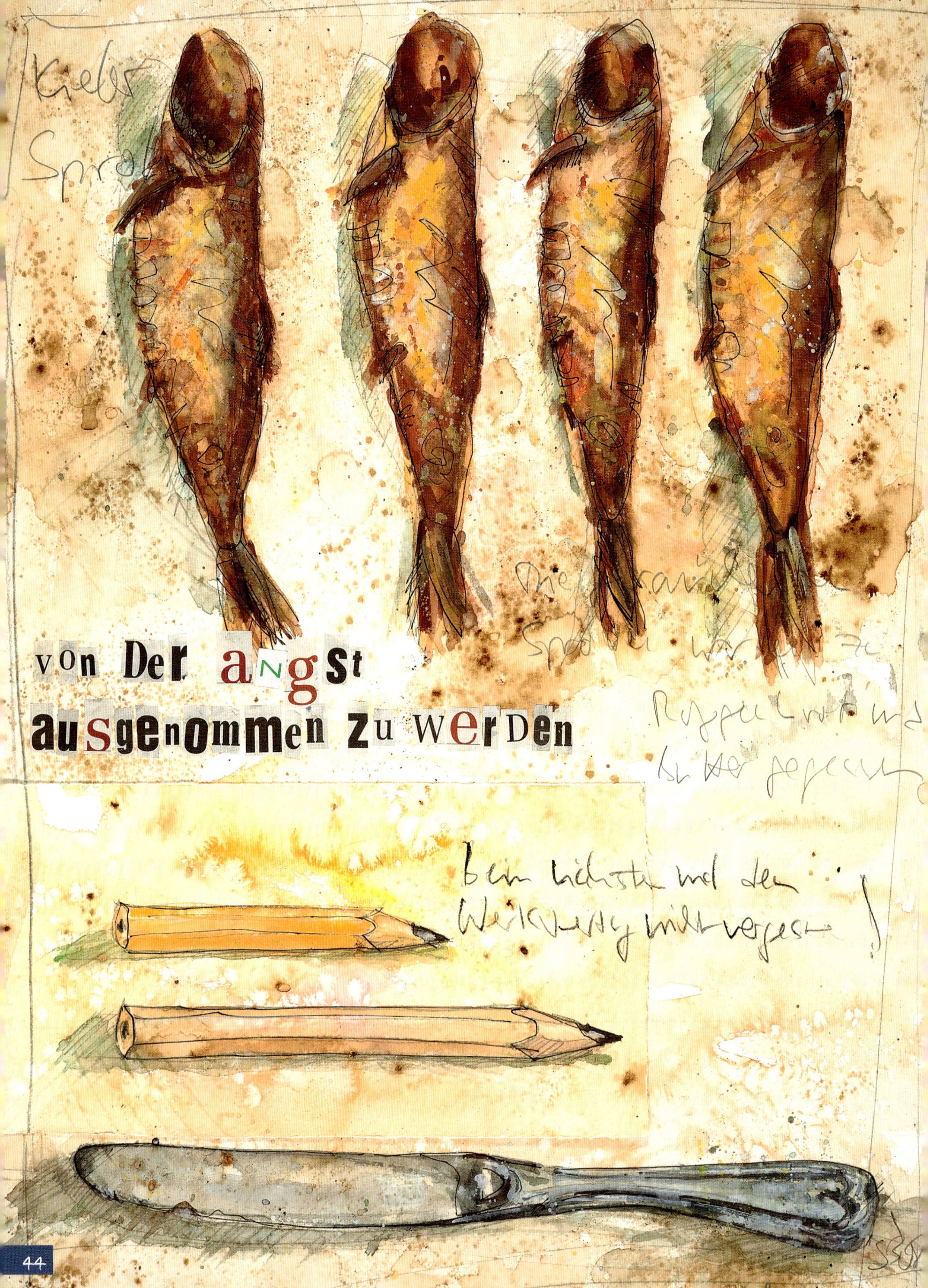
von Der angst
ausgenommen zu werden

FRITTIERTE SPROTTEN

Zutaten für 4 Portionen

500 g Sprotten (oder Sardellen)
250 ml Milch
1 Tasse Mehl
3 Tassen Öl, frittiergeeignet (kein Olivenöl)
n.B. Meersalz
2 Zitronen

Zubereitung

Die Sprotten in Milch einlegen und ca. 1/2 Std. ruhen lassen. Die kleinen Fische herausnehmen, abtropfen lassen und mehlieren. Das geht beispielsweise in einer Plastiktüte recht gut. Nicht zu lange ruhen lassen, da ansonsten das Mehl durchweicht. In 3–4 Portionen in heißem Frittieröl ca. 3–5 Min. goldgelb frittieren. Mit Salz und Zitronensaft (eine halbe Zitrone pro Person) servieren. Statt mit Wein, wie üblich zum Fisch, genieße ich die Sprotten bei einem kalten Bier.

Tipp

Üblicherweise werden die Sprotten nicht ausgenommen. Man kann aber die Sprotten oder Sardellen ganz einfach ausnehmen, indem man den Kopf abdreht und dabei die Innereien mit herauszieht.

JAKOBSMUSCHELN IM SPECKMANTEL

Zutaten für 4 Portionen
4 frische Jakobsmuscheln
4 Scheiben Bacon
6 Kirschtomaten
6 Oliven, schwarz, entsteint
1 Schalotte, fein gehackt
1 Knoblauchzehe, fein gehackt
4 Zweige Rosmarin (als Spieße geeignet)
6 EL Olivenöl
2 Knoblauchzehen, ungeschält und angedrückt
4 Zweige Rosmarin
eine Prise Salz und Pfeffer
1 TL Schnittlauch, in Röllchen
4 große Muschelschalen

Zubereitung

Nüsschen (Jakobsmuscheln) unter laufendem kalten Wasser abspülen und mit Küchenkrepp trocknen. Anschließend die Baconscheiben auf Nüsschenhöhe bringen. Das macht man, indem die nötige Streifenbreite von der fetten Baconseite mit einem scharfen Messer abgetrennt wird. Je eine Jakobsmuschel mit je einer Baconscheibe stramm umwickeln und mit einem Zahnstocher fixieren.
Cocktailtomaten heiß überbrühen, häuten, entkernen und zusammen mit den Oliven fein würfeln. Um die Rosmarinzweigspieße zu machen, werden die Blätter bis auf ein kleines Büschel oben abgestreift, mit einem scharfen Messer die Rinde abgeschält und die Holzstiele vorne angespitzt. Dabei sollte auf gleiche Länge der Spießchen geachtet werden.
5 EL Olivenöl in einer mittelgroßen Pfanne erhitzen, die angedrückten Knoblauchzehen und 2 Rosmarinzweige hineinlegen und so das Öl aromatisieren.

Die Jakobsmuscheln werden auf einer Seite etwa 1 Min. bei guter Hitze angebraten, bis sie leicht gebräunt sind, dann gewendet. Die Herdplatte ausstellen. Nach einer weiteren Min. die Pfanne von der Platte nehmen und kurz ruhen lassen. Leicht pfeffern und salzen. Nun die Zahnstocher entfernen und durch die Rosmarinspießchen ersetzen. Um ein Verfärben der Rosmarinspieße zu vermeiden, werden die nicht mit angebraten. In einer zweiten Pfanne 1 EL Olivenöl erhitzen, Schalotte und gehackte Knoblauchzehe glasig anschwitzen, die Tomaten und gewürfelten Oliven zufügen, bei mäßiger Hitze kurz erwärmen, gut durchschwenken, mit Pfeffer und Salz würzen und die Schnittlauchröllchen unterheben. Das Gemüse wird in die Muschelschale gefüllt und die Muscheln darauf gesetzt. Damit die Schalen beim Servieren auf dem Teller einen festen Stand haben, werden sie jeweils in ein kleines Salzbett auf einem Tablett gedrückt.

BOHNEN-LAUCH-SUPPE

Zutaten für 6 Portionen

650 ml Fisch- oder Gemüsebrühe
1 Zwiebel
750 g Lauch
2 EL Olivenöl
800 g Wachsbohnen (aus der Dose)
500 g geräucherter Schellfisch
einige Stängel Petersilie
Salz
schwarzer Pfeffer aus der Mühle

Zubereitung

Die Zwiebel schälen und fein hacken. Den Lauch putzen, den hellen Teil in dünne Ringe schneiden und sehr gründlich waschen. Die grünen Teile des Lauchs in 4 cm lange Stücke schneiden. Das Öl in einem Topf erhitzen, Zwiebel 5–6 Min. anbraten. Nach 2 Min. den Lauch zugeben. Dann die Brühe dazugeben und zum Kochen bringen. Die Hitze verringern und zugedeckt ca. 5 Min. köcheln lassen. Das Bohnenwasser aus der Dose in den Topf gießen (es verstärkt den aromatischen Bohnengeschmack), die Bohnen grob zerstampfen und dazugeben. Erneut aufkochen lassen, dann die Hitze herunterschalten, weitere 5 Min. köcheln lassen. Den Schellfisch häuten, entgräten und in Würfel schneiden. Die Würfel zur Suppe geben und köcheln lassen, bis das Fischfleisch nicht mehr glasig ist. Die Petersilie waschen und fein hacken. Die Suppe mit Salz und Pfeffer abschmecken und mit der Petersilie garnieren. Man kann nach Belieben in jeden Teller 1 TL Crème fraîche geben, als Beilage empfehle ich ein ofenfrisches Baguette. Ich gebe auch gerne ein Glas Weißwein in diese Suppe, er rundet den Geschmack ab.

ROTBARBEN MIT ORANGEN UND TOMATEN

Zutaten für 4 Portionen
4 kleine Rotbarben, küchenfertig
2 große unbehandelte Orangen
750 g Tomaten (im Winter Dosentomaten)
3 mittelgroße Knoblauchzehen
1 Bund Basilikum, besser frisch aus dem Topf
1 Prise Rosmarin, besser ein kleiner, frischer Zweig
20 kleine entkernte Oliven
6 EL Olivenöl
nach Belieben Salz und Pfeffer
Mehl zum Bestäuben

Zubereitung

Die Tomaten überbrühen, häuten, die Kerne entfernen und das Fruchtfleisch in Würfel schneiden. Den Backofen auf 180° C vorheizen. Von 1 Orange die Schale dünn ohne das Weiße abschälen, in Streifen schneiden und die Orange auspressen. Die andere Orange ungeschält in 1–1,5 cm dicke Scheiben schneiden. Den Knoblauch grob hacken. 3 EL Öl in einer mittelgroßen Pfanne erhitzen und den grob gehackten Knoblauch kurz anbraten. Die Tomaten, den Orangensaft und die Hälfte der Orangenschale hinzufügen, nach Belieben salzen. Das Ganze 12–15 Min. einköcheln lassen, ab und zu umrühren. Die Hälfte der Basilikumblättchen grob zerkleinern und dazugeben.
Die Rotbarben innen und außen salzen, pfeffern und im Mehl wenden. In einer großen Pfanne im restlichen Öl von beiden Seiten je 2 Min. anbraten. Den Fisch in eine ofenfeste Form legen, mit Sauce, Rosmarin, Oliven und Orangenscheiben bedecken und 15 Min. im Ofen garen. Zum Schluss mit dem restlichen, gehackten Basilikum bestreuen. Den Zweig Rosmarin entfernen; er dient nur dem Aroma. Als Beilage empfehle ich ein frisches Baguette.

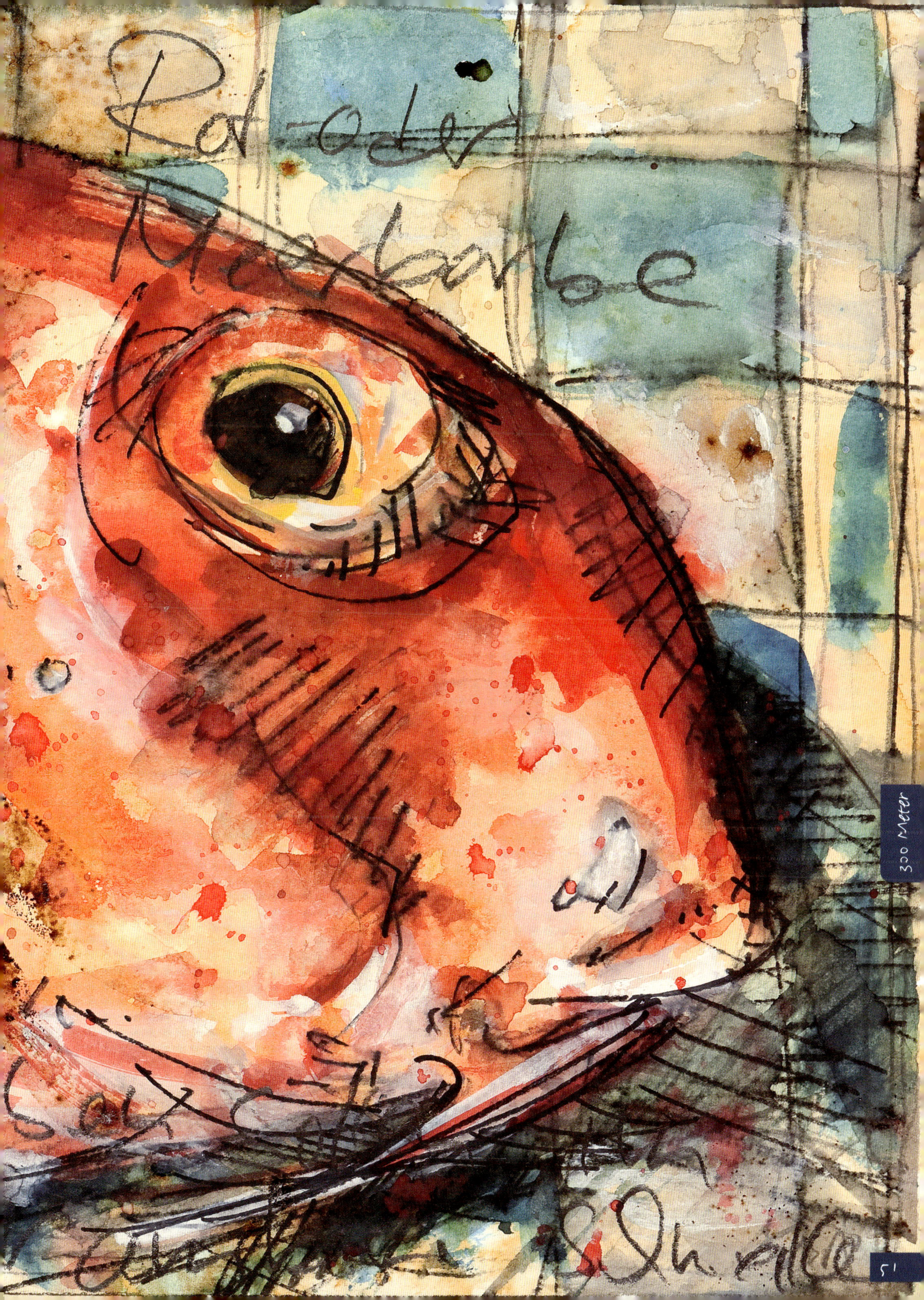
Rot oder
Meerbarbe

SEELACHS MIT PAPRIKA-SAUCE

Zutaten für 4 Portionen
750 g Seelachsfilet
1 EL Zitronensaft
1 TL Rohrzucker
4 Paprikaschoten, gelb und rot
3 große Zwiebeln
3 große Fleischtomaten
Salz und Pfeffer
Öl zum Anbraten

Zubereitung

Fischfilets in eine flache Auflaufform legen und mit Salz und Pfeffer würzen. Paprika, Zwiebeln und Tomaten würfeln, anbraten und weich dünsten. Dann mit dem Mixer oder Stabmixer pürieren, mit Salz und Pfeffer abschmecken, Zitronensaft und den Zucker unterrühren und über den Fisch geben. Für ca. 25 Min. bei 200° C in den Backofen schieben.

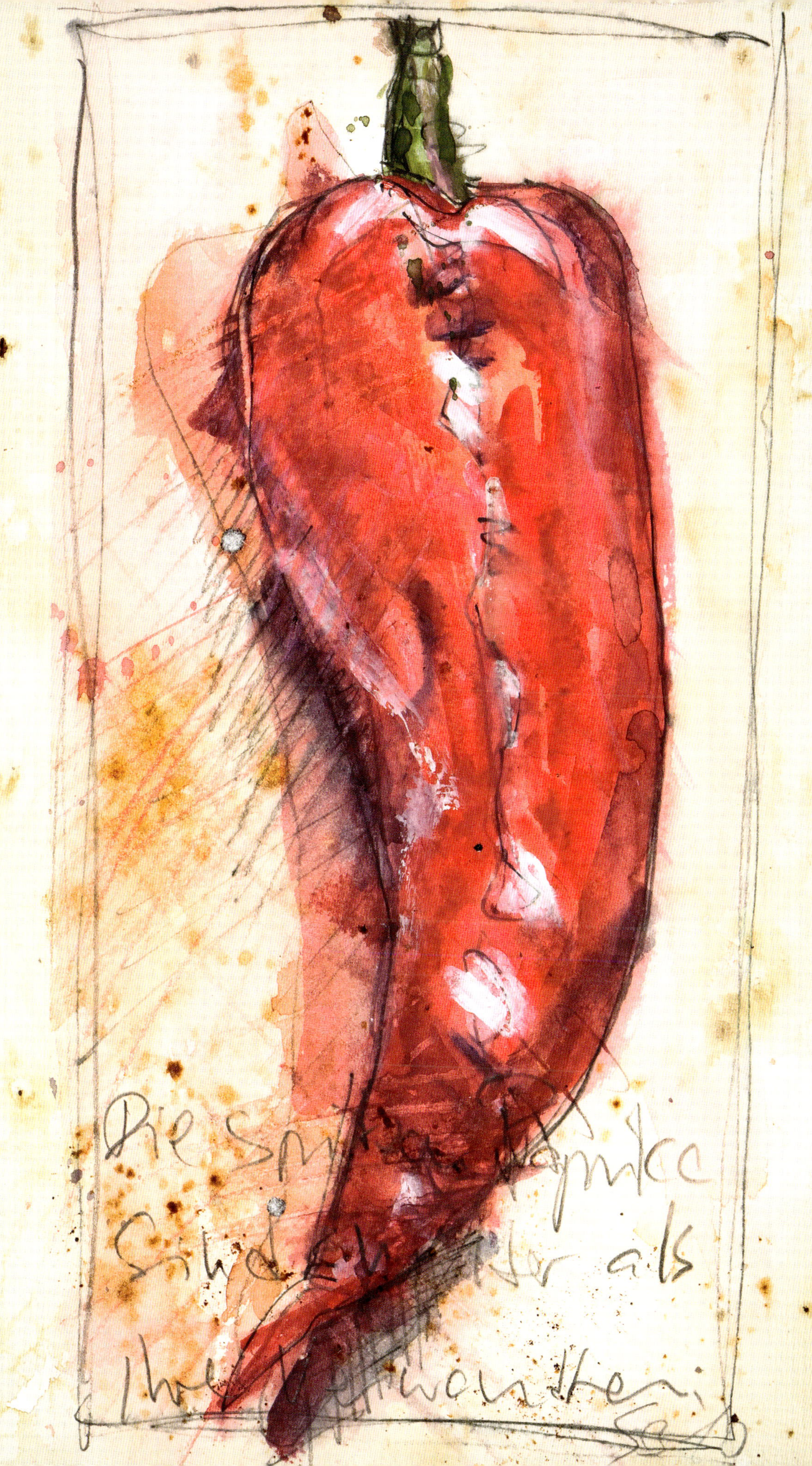

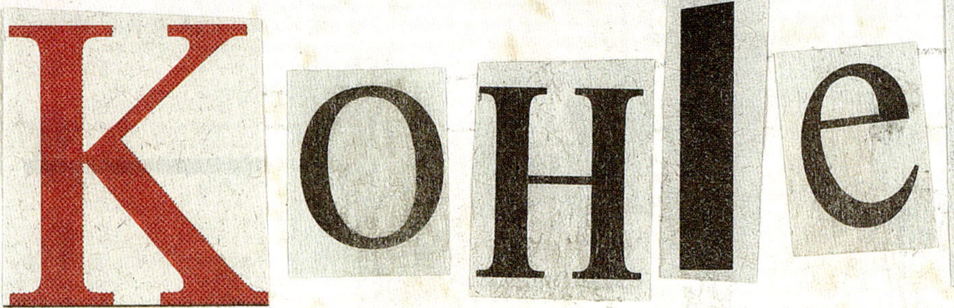

EXOTISCHER FISCHEINTOPF

Zutaten für 4 Portionen

250 g gewürfeltes Seelachsfilet
250 g ungesüßte Ananasstücke
2 gehackte Frühlingszwiebeln
2 EL Olivenöl
3 gehackte Knoblauchzehen
250 g Büsumer Krabbenfleisch
Salz und Pfeffer
1/4 TL zerstoßene Anissamen
1/4 TL gemahlener Kurkuma
1 Lorbeerblatt
1 Ltr. Wasser
2 TL ungespritzte Orangenschale, in Streifen
1/2 TL Cayennepfeffer
6 TL Speisestärke
3 EL trockener Sherry
2 EL Soja-Sauce

Zubereitung

Öl in einem genügend großen Topf erhitzen, das Weiße der Frühlingszwiebeln mit dem Fisch und dem Knoblauch andünsten, zum Schluss das Grüne der Frühlingszwiebeln zugeben. Dann die Krabben, Salz, Pfeffer, Anis, Kurkuma, das Lorbeerblatt, Orangenschale und Cayennepfeffer hinzufügen. Kochendes Wasser dazugießen. Umrühren und alles zugedeckt 2–3 Min. bei 100° C köcheln lassen. Die Speisestärke im Sherry und der Soja-Sauce auflösen und zum Eintopf geben. 2–3 Min. bei ca. 100° C heiß und sämig werden lassen. Dabei regelmäßig umrühren. Die Ananasstücke hinzufügen und alles zugedeckt noch 2–3 Min. köcheln lassen.

KIWISPIEß VOM

Zutaten für 4 Portionen

125 g Lachsfilet
200 g Fisch mit festem Fleisch, (Seeteufel, Rotbarsch…)
140 g Seezungenfilet
120 g Garnelen, ohne Schale
4 TL Olivenöl
1 EL Zitronensaft
1 ml Worcestersauce
Salz und Pfeffer
1 EL gehackte Petersilie
1/2 Hand voll Pilze, am besten getrocknete Shiitake-Pilze
200 g Brokkoli
2 Tomaten
10 grüne Oliven mit Paprikafüllung
1 Orange
1 Kiwi

GRILL

Zubereitung

Lachs und anderen Fisch in nicht zu kleine Stücke schneiden und mit den Seezungenfilets und Garnelen in eine Schüssel geben. Öl, Zitronensaft, Worcestersauce, Salz, Pfeffer und Petersilie verrühren und über den Fisch geben. Fisch ca. 1 Std. im Kühlschrank marinieren lassen. Shiitake-Pilze in Wasser einweichen. Brokkoli in Röschen teilen und in kochendem Salzwasser blanchieren. Tomaten in Stücke schneiden und Oliven halbieren. Orange filetieren und die Kiwi in Scheiben schneiden. 4 Holzspieße in Wasser einweichen. Seezungenfilets aufrollen und mit den restlichen Zutaten auf die Spieße stecken. Dabei die Zutaten abwechselnd aufspießen. Fischspieße auf dem Grill unter Wenden ca. 10 Min. garen. Dabei mehrmals mit der restlichen Marinade bestreichen. Als Beilage empfehle ich ofenfrisches Baguette.

FISCH-AUFSTRICH

Zutaten für 1 Portion

- 1 Matjes
- 1 mittelgroße geräucherte Makrele
- 1 Zwiebel
- 1 Scheibe Weißbrot
- 50 ml Milch
- 3 Bioeier
- 50 g Butter
- 1 säuerlicher Apfel
- etwas Dill
- etwas Petersilie
- etwas Schnittlauch
- Salz und Pfeffer

Zubereitung

Die Eier hart kochen, abschrecken, schälen und hacken. Die Makrele von Flossen, Haut und Gräten befreien. Das Weißbrot in eine flache Schüssel legen, mit Milch übergießen und für 2–3 Min. ziehen lassen, dann herausnehmen und auspressen. Apfel und Zwiebel schälen, vierteln. Alle Zutaten (außer Eiern und Kräutern) im Mixer pürieren. Nach Belieben salzen und pfeffern, dann die gehackten Eier dazugeben. Kräuter hacken, daraufstreuen.

GRILL-MAKRELEN

Zutaten für 4 Portionen

4 Makrelen, frisch und ausgenommen
3 unbehandelte Zitronen
8 Knoblauchzehen
1 Bund Schnittknoblauch
6 EL Olivenöl
Salz und Pfeffer
1 Msp. Cayennepfeffer

Zubereitung

Die Makrelen waschen, trocken tupfen und auf jeder Seite 3–4 Mal diagonal, aber nicht zu tief anschneiden. 4 Knoblauchzehen in Scheibchen schneiden, die restlichen Zehen hacken. Schnittknoblauch klein schneiden. 2 Zitronen in Scheiben schneiden, die dritte auspressen. Aus dem Zitronensaft, dem Olivenöl, dem gehackten Knoblauch und der Hälfte des Schnittknoblauchs eine Marinade herstellen. Mit Salz, Pfeffer und Cayenne nach Belieben würzen. Die Zitronenscheiben, die Knoblauchscheibchen und den restlichen Schnittknoblauch in die Fischbäuche verteilen. Die Makrelen in eine flache Schüssel legen, Marinade über die Makrelen gießen. Im Kühlschrank 3–4 Std. ziehen lassen. Vor dem Grillen die Makrelen aus der Marinade herausnehmen, abtupfen und bei mittlerer Hitze ca. 20 Min. grillen. Öfter drehen und ab und zu mit der Marinade bestreichen. Dazu passen ein knackiger Sommersalat und Baguette.

Die Makrele besitzt lange
Gräten die sich leicht
lassen
Scomber scombrus

FISCHIGES AUF KOHLRABI MIT PAPRIKASORBET

Zutaten für 4 Portionen
450 g Fischfilet (Zanderfilet oder Lachsfilet mit Haut)
2 mittelgroße Kohlrabi
Salz und Pfeffer
4 EL Olivenöl

Rahm-Schnittlauch-Creme:
200 g Sauerrahm
50 g Schnittlauch, fein geschnitten
Salz und Pfeffer aus der Mühle

Für das Sorbet:
325 g Paprikaschoten
70 g Traubenzucker
20 ml Balsamico
1/2 TL Salz
1 TL Zucker
1/2 TL Chilischote, gehackt
1 TL Olivenöl
1 Spritzer Balsamico

Zubereitung

Paprikasorbet

Die Paprika waschen, entkernen und grob würfeln, zusammen mit dem Traubenzucker, Zucker, Salz, Balsamico und der gehackten Chilischote pürieren. Die Masse durch ein Sieb passieren, Olivenöl zufügen und kalt stellen. Rechtzeitig in die laufende Eismaschine geben oder abgedeckt für ca. 15–20 Min. in das Eisfach stellen.

Sauerrahm-Schnittlauch-Creme

Den Schnittlauch in sehr feine Röllchen schneiden. Zu dem Sauerrahm geben und mit wenig Salz und Pfeffer abschmecken. Kalt stellen.

Kohlrabi

Den Kohlrabi schälen und in 1 cm dicke Scheiben schneiden. In Salzwasser ca. 3 Min. blanchieren. Warm stellen.

Zander oder Lachs

Die Filets portionieren und die Haut nicht zu tief einschneiden. Den Fisch auf der Hautseite in Olivenöl nicht zu heiß anbraten (5 Min.). Dann wenden und vom Herd nehmen. 2–3 Min. ziehen lassen.

Anrichten

Die Creme mit einem Löffel in der Mitte des Tellers verteilen. Die blanchierten Kohlrabischeiben darauf legen. Den Zander darauf setzen. Als Beilage empfehle ich einen gemischten Salat oder Baguette. Das Sorbet sollte auf dem Salat angerichtet werden. Sofort servieren. Das Gericht sollte nicht stehen bleiben, da der Fisch sonst kalt wird und das Sorbet schmilzt.

Kochwelt.
Paprika
capsicum annuum

Zucchini mit Tunfisch

Zutaten für 2 Portionen
2 mittelgroße Zucchini
250 g Tomaten (im Winter Dosentomaten)
175 g frischer Tunfisch oder 1 Dose Tunfisch
150 g Feta
1 Prise Salz und Pfeffer
1 Prise gemahlener Paprika
1 EL Olivenöl
einige Blätter Basilikum

Zubereitung

Die Zucchini der Länge nach halbieren und aushöhlen. Das Fruchtfleisch würfeln und in eine Schüssel geben. Die Tomaten heiß überbrühen, schälen und würfeln. In die Schüssel geben. Den Tunfisch und den Feta in kleine Würfel schneiden und in die Schüssel geben. Mit Salz, Pfeffer, Paprika und dem grob gehackten Basilikum abschmecken. Die Masse in die ausgehöhlten Zucchini geben. Bei 200° C für ca. 30–40 Min. im Ofen backen.

Wenn der gute Dijon-Senf

aus der Tüte

Die Mischung macht's!

HOTDOG

Zutaten für 4 Portionen
400 g Kabeljau-Filet
1 Bund Dill
1 EL Zitronensaft
1 Gewürzgurke
etwas Remoulade (möglichst selbst gemacht)
etwas Ketchup
4 Hotdog-Brötchen
2 Bioeier
1 Zwiebel
etwas Feldsalat
1 EL Öl
2 Stücke Toastbrot ohne Rinde

Zubereitung

Den Kabeljau in kleine Stücke schneiden und im Mixer pürieren. Dill waschen und fein schneiden. Den Kabeljau, Dill, Zitronensaft, die Toastbrotscheiben und die zwei Eier in eine Schüssel geben und gut vermengen. Alles mit einer Gabel gut zerdrücken. Dann vier längliche Frikadellen aus der Masse formen – in etwa so groß wie die Hotdog-Brötchen. In einer beschichteten Pfanne etwas Öl erhitzen und die Frikadellen vorsichtig mit einem Pfannenwender in die Pfanne legen. Von beiden Seiten etwa 5 Min. braten, dabei zwei- oder dreimal wenden. Die Zwiebel in Ringe schneiden und 4 Min. in der Pfanne mitdünsten lassen. Das Hotdog-Brötchen auf dem Toaster oder im Ofen aufbacken, beide Seiten mit etwas Ketchup und Remoulade bestreichen. Den Boden mit etwas Feldsalat belegen, darauf die Frikadelle geben. Dann Zwiebelringe, Gurkenscheiben und – je nach Geschmack – eine in Scheiben geschnittene Cocktailtomate drauflegen.

REMOULADE

Zutaten

- 4 hart gekochte Eier
- 250 ml Salatcreme aus dem Glas (Mayonnaise)
- 250 g Natur-Joghurt
- 2 saure Gurken
- 1 EL Essig
- 1 unbehandelte Zitrone
- 2 Knoblauchzehen
- etwas frischer Schnittlauch
- je eine Prise Salz, Pfeffer

Zubereitung

Die hart gekochten Eier mit Mixer oder Zauberstab fein zerkleinern oder mit dem Messer klein hacken. Die sauren Gurken ebenfalls in kleine Stücke hacken und zu den Eiern geben. Salatcreme, Joghurt, gepressten Knoblauch und zerkleinerten Schnittlauch zugeben und vermengen. Mit Salz, Pfeffer, Essig und Zitrone abschmecken.

Kinderspiel!

HAUPTSPEISEN FETTE BEUTE

Die dicken Fische locken nicht nur den ambitionierten Sportangler oder ganze Fischereiflotten – auch Profi- und Hobbyköche können ihnen viel abgewinnen. Wer noch niemals einen ganzen gefüllten Hecht oder einen unzerteilten Karpfen auf dem Tisch liegen hatte, sollte doch einmal auf das Filetieren verzichten. Die Bewunderung seiner Tischgenossen ist ihm sicher. Hier bei unseren Hauptgerichten stellen wir allerdings viele Gerichte vor, die sich dem Meeresgetier nicht nur am Stück widmen – ist der Platz auf und im Herd des Freizeitkoches doch beschränkt.

Viel Spaß beim Nachkochen!

BRAUNBIER-KARPFEN

Zutaten für 4 Portionen

1 mittlerer Karpfen
1 Zitrone
Pfeffer aus der Mühle
Salz
100 ml Rotwein
200 g Möhren
100 g Knollensellerie
2 Flaschen Doppelkaramellbier
1 Zwiebel, Nelkenblatt und Nelken
90 g Butter
70 g Honigkuchen
40 g Sultaninen (einweichen)
Zucker
Essig
60 g gehackte Mandeln

Zubereitung

Den Karpfen halbieren, Kiemen entfernen, säubern und in vier Teile zerlegen. Mit dem Saft einer Zitrone, Pfeffer und Rotwein in einer flachen Schale marinieren und etwa 2 1/2 Std. kühl stellen. Die Möhren und den Sellerie putzen und in mittlere Streifen schneiden. Die gehäutete Zwiebel mit dem Lorbeerblatt und den Nelken spicken. Den marinierten Karpfen in ein flaches Gefäß (zum Beispiel Deckel vom Bräter) legen und salzen, mit dem Bier und der restlichen Marinade übergießen. Die gespickte Zwiebel dazulegen. Kurz aufkochen und dann etwa 205 Min. gar ziehen lassen. Die Gemüsestreifen in Butter anschwitzen. Die Karpfenstücke aus dem Gefäß nehmen und warm halten. Den Sud durch ein feines Sieb geben, mit geriebenem Honigkuchen sämig binden und kurz aufkochen lassen. Nun die eingeweichten Sultaninen, die Mandeln und die Gemüsestreifen unterziehen. Die Sauce nochmals mit Zucker und ein wenig Essig abschmecken und die Karpfenstücke in die fertige Sauce geben und kurz erwärmen. Ich empfehle als Beilage einfache Salzkartoffeln.

Komm,
folge mir
nach!
Matthäus 19,21
Okay, von links nach rechts tanzen
Charlie Brown, Lucy und Linus, der
gefährliche Hund oben ist Snoopy.
glückliche Ehe
genialen Cartoonisten Charles Schulz
wirklich mit seinen Figuren verband
Von Britta Bode
5 Meter

1 kg Flusskrebse

FLUSSKREBSE MIT FARFALLE

Zutaten für 4 Portionen

350 g Fleisch von Flusskrebsen (oder ca. 500 g küchenfertige, ungekochte)
450 g Farfalle
5 Schalotten
2 EL Öl
800 g Gemüse (Paprika, Zucchini und Aubergine)
ca. 400 ml fettarme Milch
1 Zehe Knoblauch
1 EL brauner Zucker
3 EL Gemüsebrühe (gekörnte aus dem Glas)
1 EL Mehl
1 EL Butter
10 Cocktailtomaten
8 Stängel Basilikum
4 TL geriebener Parmesan
Salz und Pfeffer
eine Prise Chilipulver

Zubereitung

Die Farfalle in reichlich Salzwasser in einem großen Topf bissfest garen. Inzwischen die geschälten, in schmale Spalten geschnittenen Schalotten in einer großen Pfanne (oder Wok) in wenig Öl hell anbraten. Das geputzte Gemüse in Würfel, Rauten oder Streifen schneiden, kurz mitbraten, mit Zucker kurz karamellisieren. Mit Milch ablöschen, die gekörnte Brühe unterrühren, mit Salz, Pfeffer aus der Mühle und Chili nach Belieben würzen und mit etwas Mehl und kalter Butter binden, einmal aufkochen lassen.
Die Flusskrebse und die geviertelten Tomaten zufügen, wenn die Farfalle abgegossen werden, nur eben kurz heiß werden lassen. Mit wenig von dem Nudelkochwasser die Sauce auf die gewünschte Konsistenz bringen und noch mal mit Salz, Pfeffer, Chili abschmecken. In tiefen Pastatellern servieren und mit dem geriebenen Parmesan bestreuen. Mit den vom Stängel gelösten gehackten Basilikumblättern bestreuen.

S. Brauer

MIESMUSCHELN IM WEIẞWEIN-TOMATENSUD

Zutaten für 4 Portionen

2 kg frische Miesmuscheln
1 Zwiebel
4 Tomaten
4 Knoblauchzehen
1/2 Ltr. trockener Weißwein
Blattpetersilie
Salz und Pfeffer
Olivenöl

Zubereitung

Die Muscheln in klarem Wasser gründlich waschen. Die gehackten Zwiebeln und den gehackten Knoblauch in Olivenöl farblos anschwitzen Die Muscheln dazugeben, leicht salzen und pfeffern, die grob gewürfelten Tomaten dazugeben und mit dem Weißwein ablöschen. Den Topf mit einem Deckel abdecken und einmal kräftig aufkochen lassen. Reichlich gehackte Blattpetersilie dazugeben und mit Baguette servieren.

Miesmuschel

FLUSSKREBSE MIT THAI-AUBERGINEN

Zutaten für 4 Portionen

2 TL Rapsöl
2 Schalotten
2 Knoblauchzehen
1 Stück frischer Ingwer (ca. 1 cm groß)
1 Dose Kokosmilch
2 EL rote Currypaste
2 EL Tomatenmark
200 ml Gemüse oder Brühe
1 Stängel Zitronengras
8 Thai-Auberginen
4 Pak Choi (asiatischer Kohl)
1 Bund Frühlingszwiebeln
250–275 g Flusskrebse (ohne Schale)
Salz und Pfeffer

Zubereitung

Die geschälten Schalotten fein hacken, in wenig Öl in einer beschichteten Pfanne andünsten, die fein gehackten Knoblauchzehen und den geschälten und gehackten Ingwer dazugeben, mit Kokosmilch aufgießen. Die Currypaste und das Tomatenmark mit heißem Fond oder Brühe in einer Tasse glatt rühren, zur Kokosmilch zufügen. Zitronengras zufügen. Die Flüssigkeit zum Kochen bringen. Inzwischen Stielansatz der Thai-Auberginen entfernen, diese dann achteln und zufügen. Vom Pak Choi die Blätter lösen, waschen. Quer in Streifen schneiden, zur Flüssigkeit geben. Frühlingszwiebeln gut waschen, Grünes in Ringe schneiden, den weißen unteren Teil vierteln und zufügen. Etwa 5 Min. köcheln lassen, das Gemüse sollte noch Biss haben. Mit Salz, Pfeffer und evtl. Chili abschmecken. Das Flusskrebsfleisch abspülen, zufügen und in der Sauce heiß werden lassen. Dazu empfehle ich leicht gesalzenen, ungewürzten Basmatireis.

KARIBISCHER OFENFISCH

Zutaten für 4 Portionen
- 5 Fischfilets (Pangasius oder Rotbarsch)
- 8 EL Limettensaft
- 1 kg Tomaten
- 3 Schalotten
- 3 Knoblauchzehen
- 50 g entkernte grüne Oliven
- 3 EL Zucker
- 2 EL Öl
- 150 g Kokosraspeln
- 2 Eigelb
- 3 TL Honig
- 2 rote kleine Chilischoten
- Salz und Pfeffer

Zubereitung

Den Fisch waschen, trocken tupfen, mit 4 EL Limettensaft beträufeln. Die Tomaten am Strunk anritzen, mit heißem Wasser überbrühen, häuten und würfeln. Die Schalotten und 1 Knoblauchzehe abziehen, Chili entkernen und alles wie auch die Oliven hacken. Den Zucker im Öl in einem Topf karamellisieren, Zwiebeln, gehackten Knoblauch und Chili darin anschwitzen. Tomaten sowie Oliven zufügen, würzen. Alles zugedeckt ca. 20 Min. köcheln. Den Ofen auf 200° C (Umluft 180° C) vorheizen. 2 Knoblauchzehen abziehen, zerdrücken, mit den Kokosraspeln, Eigelb, Honig und 2 EL Limettensaft in einer Schale verrühren. Die Tomatensauce in eine Auflaufform gießen. Fisch salzen, pfeffern, auf die Tomatensauce geben und mit der Kokosmasse bestreichen. Ca. 25 Min. im Ofen backen. Anrichten, evtl. mit Limetten und Kräutern garnieren. Dazu empfehle ich Reis.

Und ist das Leben nicht zuckersüss?

KIELER MESSE

FÜR ANGEWANDTE KUNST

7 - 16 | 1

Euro-Shop,

SCHMUCK

Suse Albrecht
schmuck&design
Eichendorffstraße 8a
24229 Strande
Tel.: 04349/90 97 73

KERAM

Carina B
Esplana
24534 N
Tel.: 04

Ranze

PASTA MIT FLUSSKREBSEN

Zutaten für 4 Portionen

200 g Flusskrebsfleisch
2 kleine Karotten
1 kleine gelbe Paprikaschote
1 kleine orange Paprikaschote
1 Stange Porree
1 kleine rote Chilischote
2 EL Olivenöl
200 g milder Blauschimmelkäse
Salz, Pfeffer aus der Mühle
1 kg Nudeln (Tagliatelle)

Zubereitung

Die beiden Paprika waschen und die Kerne entfernen. In feine Streifen schneiden. Die Chilischote in winzige Würfel, den Porree längs in sehr feine Streifen schneiden. Die Nudeln in gesalzenem Wasser al dente kochen. Das Gemüse zeitgleich nur kurz im Olivenöl anbraten, damit es noch bissfest ist. Die Flusskrebse zugeben und kurz erhitzen. Danach den Blauschimmelkäse zufügen und verrühren. Mit einigen EL Nudelkochwasser versetzen und mit wenig Salz und etwas Pfeffer abschmecken. Die Nudeln auf Tellern servieren und mit der Sauce überziehen. Wer mag, reibt etwas Parmesan über dieses Gericht.

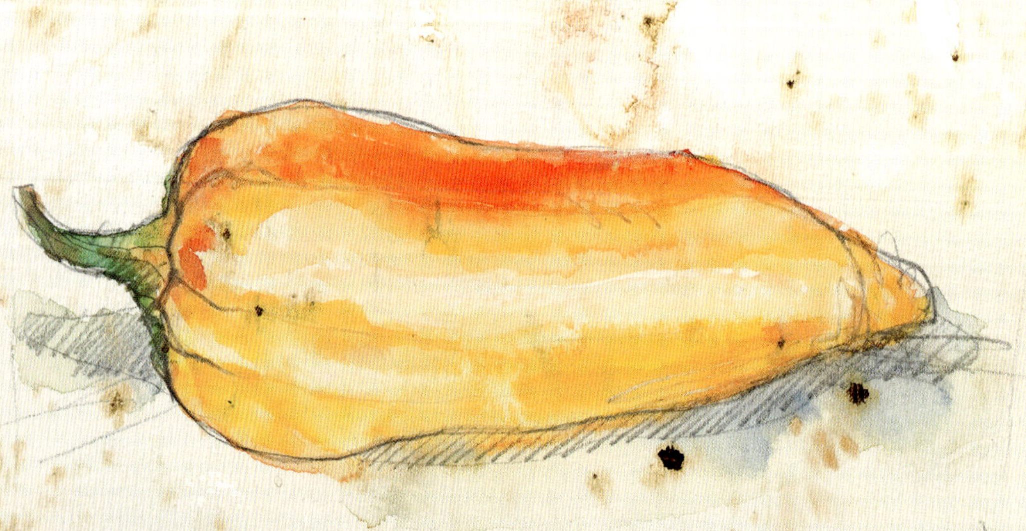

SLOW
FOOD

PANGASIUSFILET VOM ROST

Zutaten für 4 Portionen
4 Pangasiusfilets
300 g fest kochende Kartoffeln
2 mittelgroße Zucchini
16 Kirschtomaten
2 Knoblauchzehen
2 Stangen Frühlingszwiebeln
Saft einer halben unbehandelten Zitrone
4 Zweige Thymian
4 Zweige Rosmarin
Salz und Pfeffer
2 EL Olivenöl
Backpapier oder Pergament

Zubereitung

Die Kartoffeln schälen und wie die Zucchini in ca. 1 cm große Würfel schneiden. In einer beschichteten Pfanne 2 EL Olivenöl erhitzen, nicht zu heiß werden lassen und zuerst die Kartoffelwürfel und dann die Zucchini darin braten, dass sie fast gar sind. Salzen und pfeffern nach Belieben. 4 ausreichend große Stücke Backpapier vorbereiten. Auf jedes Papierstück ein Pangasiusfilet legen, salzen und pfeffern nach Belieben und den fein gewürfelten Knoblauch und dann die Kartoffel- und Zucchiniwürfel darauf verteilen. Die in kleine Ringe geschnittenen Frühlingszwiebeln darüber verteilen. Die Kirschtomaten evtl. halbieren und ebenfalls auf dem Gemüse verteilen. Die Kräuter auf das Gemüse geben und das Ganze mit etwas Zitrone und gutem Olivenöl beträufeln. Das Papier über den Fischen zusammenfalten und an den beiden Enden mit Küchengarn zu einem Bonbon schnüren. Den Ofen auf 180°C vorheizen, die Fischpäckchen auf das Backblech legen und ca. 15 Min. backen. Die Päckchen werden verschlossen serviert. Als Beilage empfehle ich frischen Salat und einen nicht zu trockenen Weißwein.

FLUSSKREBSE IN SAHNE

Zutaten für 4 Portionen

- 400 g Flusskrebse, küchenfertig und geschält
- 2 Schalotten
- 4 Zehen Knoblauch
- 3 EL Olivenöl
- 1 kleine Tasse Rum oder Cognac
- 200 ml Sahne
- 600 g Nudeln (Spaghetti oder Bandnudeln)

Zubereitung

Nudeln in leicht gesalzenem Wasser bissfest kochen. Mit 1 EL Olivenöl beträufeln, umrühren und warm halten. Werden sie kalt, kleben sie leicht aneinander. Die Schalotten und den Knoblauch schälen und fein hacken. Das restliche Olivenöl in einer Pfanne erhitzen, die Schalotten und den Knoblauch darin glasig schwitzen. Die Flusskrebse dazugeben und kurz sautieren. Den erwärmten Alkohol über die Krebse gießen und sofort mit einem Streichholz entzünden. Wenn die Flamme erloschen ist, die Sahne angießen und kurz einkochen lassen. Nun die Nudeln dazugeben und gut vermischen, evtl. mit Salz abschmecken und servieren.
Dazu empfehle ich einen gemischten Salat und einen spritzigen Weißwein.

BLAUE KARPFEN

Zutaten für 4 Portionen
2 küchenfertige Karpfen
2 unbehandelte Zitronen
500 ml Essig
500 ml trockener Weißwein
2 Schalotten
4 Wacholderbeeren
4 Nelken

Zubereitung

Ca. 2 Ltr. Wasser in einen ausreichend großen Topf geben. Die Schalotten und die Zitronen in Scheiben schneiden und in den Topf geben. Die Lorbeerblätter, die Wacholderbeeren und die Nelken dazugeben. Anschließend den Essig und den Weißwein zugießen. Das Ganze ca. eine 1/4 Std. kochen. Nun den Fisch hineingeben und das Ganze 30 Min. ziehen lassen (nicht kochen).
Als Beilage empfehle ich Salzkartoffeln, zerlassene Butter, glatte gehackte Petersilie und frische Zitronenscheiben zum Beträufeln des Fisches. Wer den Karpfen tiefblau mag, reinigt ihn außen nicht und reibt die Fische vor dem Garen mit Essig ein.

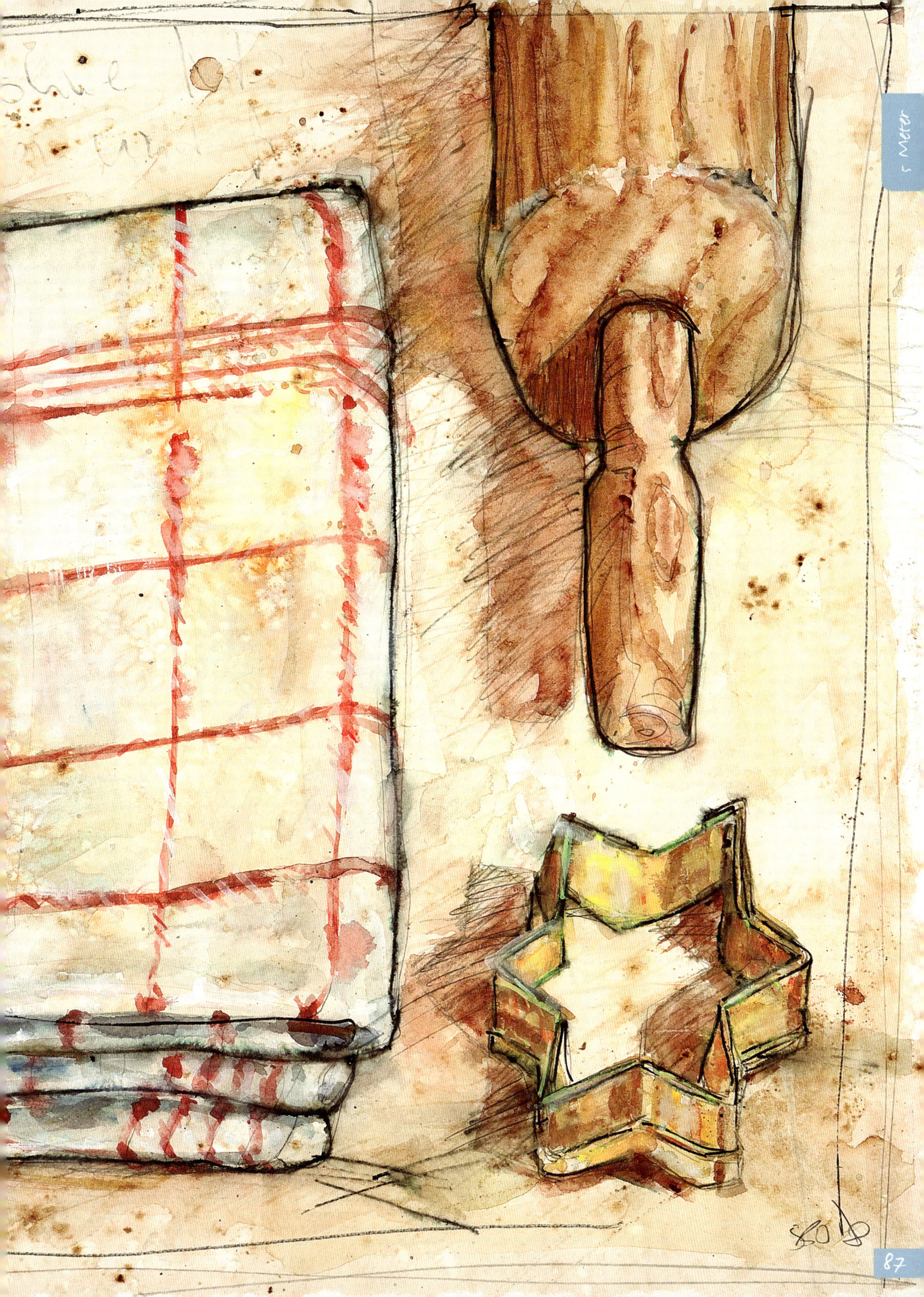

GEBRATENE FORELLE

Zutaten für 4 Portionen

4 ausgenommene Regenbogenforellen
2 Zitronen
Salz
2 EL Mehl
80 g Butter
1 Bund glatte Petersilie
ein Schuss Worcestersauce

Zubereitung

Die vorbereiteten Forellen waschen, mit dem Saft von 1 Zitrone beträufeln, salzen und im Mehl wenden. In einer Pfanne in der Butter von beiden Seiten goldgelb braten. Gehackte Petersilie, Zitronensaft sowie etwas WorcesterSauce kurz in der Butter verrühren, über die Forellen geben. Zu diesem einfachen Gericht passt ein Baguette.

Hanse Menü-Dienst - einfach sympathisch
as leckere heiße Mittagsmenü von
Jetzt pro
Das Angebot zum Kennen
für Neukunden
5 Tage je 1 Menü nur

GEBRATENER HORNHECHT

Zutaten für 4 Portionen
2 Hornhechte (ca. 400 g)
100 g Graupen
60 g Lauch
60 g Möhren
2 TL Kapern
1 Ltr. Hühnerbrühe
20 Stangen grüner Spargel
4 Fleischtomaten
6 Knoblauchzehen
6 frische Zweige Rosmarin
6 EL Olivenöl
4 EL Butter
1 Prise Zucker
2 EL Schnittlauch
Salz und Pfeffer

Zubereitung

Die Hornhechte ausnehmen, den Kopf und den Schwanz entfernen. Gründlich innen und außen säubern. Diese Arbeit erledigt evtl. aber auch der Fischhändler. Die Graupen in ein Sieb geben und so lange gründlich waschen, bis das Wasser klar bleibt. Anschließend in der Hühnerbrühe 5 Min. kochen, dann den geschlossenen Topf von der Platte schieben und die Graupen 50 Min. quellen lassen. Wieder in ein Sieb geben und den Schleim gründlich unter laufendem Wasser abspülen, bis das Wasser klar bleibt. Den Lauch und die Möhren würfeln, eine Min. in kochendem, gesalzenem Wasser blanchieren, eiskalt abschrecken und gut abtropfen lassen. Warm halten.
In einer Stielkasserolle 1 EL Butter schmelzen, die Graupen, das Gemüse

und die Kapern hineingeben und gründlich vermischen. Mit Pfeffer und Salz nach Belieben abschmecken. Die Spargelstangen im unteren Drittel schälen und in kochendem Wasser ca. 5 Min. blanchieren. Kalt abschrecken, dadurch wird die Farbe leuchtend grün. Spargel in einer Pfanne in 1 EL geschmolzener Butter schwenken. Dabei mit etwas Salz und einer Prise Zucker würzen. Der Spargel soll Biss behalten. Warm halten. Die Tomaten abbrühen, halbieren, entkernen und filetieren. Die Schalotten und 2 Zehen Knoblauch fein würfeln, in 1 EL Olivenöl anschwitzen. Tomatenwürfel dazugeben, kurz durchrühren und mit einer Prise Zucker, Pfeffer und Salz abschmecken. Kurz erhitzen. 2 EL Olivenöl in einer Pfanne erhitzen, Rosmarinzweige und die restlichen angedrückten Knoblauchzehen dazugeben und das Öl aromatisieren, Fischstücke dazugeben und rundherum ca. 2 Min. anbraten, dann bei ausgestellter Platte fertig garen. Anschließend mit Pfeffer und Salz nach Belieben würzen. Den Schnittlauch in kleine Röllchen schneiden. Das Graupengemüse in die Tellermitte geben, die Fischstücke darauf setzen und die Spargelstangen links und rechts davon platzieren. Das Tomatenconcassée um Spargel und Fisch verteilen. Die Schnittlauchröllchen darüberstreuen.

FORELLE MIT KÄSESAUCE

Zutaten für 4 Portionen

4 Regenbogen- oder Bachforellen

Füllung:

2 El Zitronensaft

Salz

Sud

2 Lorbeerblätter

einige Stiele glatte Petersilie

Estragon nach Belieben

einige Sellerieblätter

Sauerkraut

1 fein gewürfelte Zwiebel

25 g Butterschmalz

400 g Sauerkraut

1/8 Ltr. Weißwein

1/8 Ltr. Sekt

Käsesauce

400 ml Fischfond

1 TL Stärke

250 g Blauschimmelkäse

BlAu

Die Forelle kommt aus schnellfliessendem Gewässer

10 Meter

Zubereitung

Die vorbereiteten und gewaschenen Forellen innen und außen mit Zitronensaft beträufeln sowie salzen. Die Bauchhöhle der Fische mit einem Stückchen Butter und je zwei Stängeln Blattpetersilie und Dill füllen. In einem großen Topf mit Dämpfeinsatz mit den Kräutern und 1Ltr. Wasser einen kräftigen Sud kochen. Die gewürzten Forellen in den Dämpfeinsatz über dem Sud legen und etwa 15–20 Min. im Dampf gar ziehen lassen. Nach dem Herausnehmen sofort die Haut an Kopf und Schwanz einschneiden und abziehen. Für die Sauce den fertigen Fischfond erhitzen, mit etwas angerührtem Stärkemehl binden und den klein gewürfelten Käse mit dem Schneebesen unterschlagen. Der Fond sollte nicht kochen, lediglich leicht köcheln. Mit sehr wenig Salz und etwas Cayennepfeffer abschmecken

Die Sauce durch ein Sieb passieren.

Für das Sauerkraut die Zwiebelwürfel in Butterschmalz goldgelb werden lassen, das Sauerkraut zugeben, mit dem Wein ablöschen und in etwa 5 Min. bissfest dünsten, dann den Sekt darübergießen, 2 Min. leicht einköcheln lassen.

Mit Salz abschmecken. Auf eine kleine Platte eine Portion Sauerkraut schichten, die ganze, enthäutete Forelle darauf setzen und mit etwas Käsesauce überziehen. Als Beilage empfehle ich Kartoffelmus, das ich aus gekochten Kartoffeln, die mit etwas Butter, Muskat und ein wenig heißer Milch verfeinert werden, selber stampfe.

HERINGE VOM ROST

Zutaten für 4 Portionen

- 4–8 grüne Heringe
- je ein Bund Dill, Petersilie und Schnittlauch
- 1 TL Senf
- Semmelmehl
- 1 TL geriebener Gouda
- 1 EL Butter

Zubereitung

Die Heringe säubern und mit den gehackten Kräutern füllen. Mit Senf bestreichen und in Semmelmehl und dem geriebenen Käse wenden. Mit Butterflocken bestreichen und auf dem Grill ca. 20 Min. garen. Wenden und weitere 5 Min. von der zweiten Seite grillen.

GEFÜLLTE HERINGE

Zutaten für 4 Portionen
4 grüne (frische) Heringe
3 EL Zitronensaft
etwas Meersalz
2 EL Tomatenmark
300 g Gemüsezwiebeln
250 g Porree
2 EL Butter oder Margarine
500 g Tomaten
100 g Sahne
frischer Dill

Zubereitung

Die Heringe schuppen, ausnehmen, innen und außen gründlich waschen und trocken tupfen. Wer mag, kann das vom Fischhändler vorbereiten lassen. Nun die Heringe innen und außen mit Zitronensaft beträufeln, mit 1 TL Meersalz bestreuen und von innen mit dem Tomatenmark bestreichen. Die Zwiebel pellen, eine Hälfte in feine Würfel schneiden, die andere Hälfte in Ringe schneiden. Den Porree putzen, sehr gut waschen, längs halbieren und quer in dünne Streifen schneiden. Die Butter erhitzen und die Zwiebelwürfel sowie die Porreestreifen darin kurz anbraten. Den Backofen auf 180° C vorheizen und eine feuerfeste Auflaufform leicht einfetten. Das gebratene Gemüse in die Heringe füllen und nebeneinander in die Auflaufform legen, nun das restliche Gemüse und die Zwiebelringe darüber verteilen.
Die Tomaten überbrühen, häuten, in Scheiben schneiden und auf die Fische legen. Mit Salz abschmecken.
Nun die Sahne mit dem Zitronensaft und etwas Meersalz verrühren, darübergießen und alles im Backofen 30–40 Min. garen. Den Dill waschen, trocken schleudern, fein hacken und das fertige Gericht damit bestreuen.
Als Beilage empfehle ich hier Bratkartoffeln und ein kaltes Bier.

HERINGE MIT SPECKSAUCE

Zutaten für 4 Portionen
8 Bismarckheringe
200 g fetter, geräucherter Speck
12 mittelgroße Zwiebeln
1 kg Kartoffeln
Salz, Pfeffer aus der Mühle
1 Bund glatte Petersilie
Salz, Pfeffer und Zucker
evtl. Tomatensaft

Zubereitung

Den Speck und die Zwiebeln in Würfel schneiden. Den Speck in einer Pfanne auslassen und die Zwiebelwürfel bei mittlerer Hitze braun braten. Die Kartoffeln kochen, pellen und mit den filetierten Heringen auf Tellern platzieren. Die Speck- und Zwiebelsauce über die Kartoffeln geben. Mit der grob gehackten Petersilie bestreuen. Nach Geschmack mit Salz und Pfeffer abschmecken. Zu diesem einfachen Gericht empfehle ich ein kaltes Bier.

entKerNt

MARINIERTE HERINGSFILETS

Zutaten für 4 Portionen
4 doppelte Matjesfilets
2 kleine Zwiebeln
2 kleine rote Äpfel
4 Gewürzgurken
2 Becher saure Sahne
1 Becher Dickmilch
1 Becher Schmand
4 Wacholderbeeren
1 Lorbeerblatt
Salz und Pfeffer
2 Nelken

Zubereitung

Die saure Sahne, die Dickmilch und den Schmand in einer Schüssel gut verrühren, die Zwiebeln und die Gurken sehr klein, die Äpfel in etwas größere Würfel schneiden und mit den zerdrückten Wacholderbeeren, den zerstampften Nelken und dem Lorbeerblatt in die Sahne-Dickmilch-Mischung geben. Zum Schluss die in mundgerechte Stücke geschnittenen Heringsfilets unterheben, abgedeckt und kühl einige Std., am besten über Nacht, durchziehen lassen. Nach Belieben pfeffern, ein wenig nach Geschmack salzen.
Ich empfehle dazu Pellkartoffeln oder eine Kartoffel aus dem Backofen.

eschwemmt

ringe ... nige könne ge... len,
eingelegt oder
gesalzen werd...

~~einem weiteren~~ Topf
das Wasser mit dem
Wein, dem Essig,
dem Salz der
geschälten Zwiebel,
den Gewürzkörnern
und dem Lorbeerblatt
5 Minuten köcheln
lassen. Die Fisch-
koteletts in dem Sud
15 Minuten bei schwacher
Hitze ziehen lassen.

Die
las
Sal
zu

Mai-Schollen

Muschelrisotto

Fischröllchen

CEVICHE

Zutaten für 4 Portionen
1 kg Meeresfrüchte (festfleischige Fischfilets, Muschelfleisch, Garnelen, Tintenfische)
500 ml Limonensaft
80 ml Olivenöl
1 kg enthäutete, entkernte und gewürfelte Tomaten
gehacktes Koriandergrün
1 Chili Serrano

Zubereitung

Den Fisch entgräten, enthäuten und in ca. 1 cm große Würfel schneiden. Nur die Tintenfische werden gekocht, da sie sonst zu hart sind. Die Meeresfrüchte mit dem Limonensaft vermischen und für 2–3 Std. bei Zimmertemperatur ziehen lassen. Mit den restlichen Zutaten vermengen. Je nach Geschmack gehackte Chili Serrano hinzufügen. Das Ganze noch einmal 30 Min. ziehen lassen.

GARNELEN MIT COGNAC

40 Meter

Zutaten für 4 Portionen
700 g Garnelenfleisch
8 mittelgroße Tomaten (im Winter 1 Dose Tomaten)
50 ml Cognac
2 kleine Zwiebeln
200 g Champignons
200 ml Sahne
1 1/2 TL Curry
1 EL Mehl
1 rote Paprika
1 grüne Paprika
1 EL Öl
1/2 EL Zitronensaft
1/2 TL Paprikapulver
1/2 Bund gehackte Petersilie
Salz
Pfeffer aus der Mühle

Zubereitung

Zunächst werden die Zwiebeln geviertelt, die Champignons in Scheiben geschnitten. Die beiden Paprika werden in Streifen geschnitten, vorher die Kerne entfernt. In Öl werden nun die Champignons und die Zwiebeln in einer hohen Pfanne gedünstet. Es kommen dann die gewürfelten Tomaten und die Sahne hinzu. Kurz köcheln lassen. Nach 5–8 Min. wird das Mehl eingerührt und die in Würfel geschnittene Paprika dazugegeben. Mit Paprikapulver nach Belieben abschmecken. Nach ca. weiteren 5 Min. kommen nun der Cognac und der Zitronensaft mit den Garnelen dazu. Nicht aufkochen lassen. Mit Salz und Pfeffer abschmecken. Zum Garnieren mit Petersilie bestreuen. Frisches Weißbrot ist eine empfehlenswerte Beilage.

Blaukrabbe

KREBSSCHEREN AN SCHMORGEMÜSE UND REIS

Für 4 Portionen
8 Krebsscheren (vom Taschenkrebs)
10 mittelgroße Strauchtomaten
2 mittelgroße Zucchini
4 Stück Stangensellerie mit dem Grün
2 Schalotten
2 Zehen Knoblauch
4 EL Olivenöl
1 Prise Zucker
Salz, Pfeffer

Zubereitung

Die Krebsscheren werden im Salzwasser 12–15 Min. gekühlt. Nachdem die Arme abgekühlt sind, wird das Fleisch entfernt, indem man die Scheren aufklopft.
Von den Zucchini werden längs zwei dünne Scheiben abgeschnitten für einen späteren Gemüsering. Den Rest der Zucchini in kleine Würfel schneiden. Die Schalotten und der Knoblauch werden klein gehackt, die Selleriestangen längs und dann quer in feine Scheiben geschnitten. Von dem Grün vier Strähnchen für die spätere Garnitur zurücklegen. Die Tomaten heiß überbrühen, häuten, filetieren und in kleine Würfel schneiden. 4 Tomaten nur aushöhlen, sie dienen später als Behälter für die Gemüsefüllung.
Den Knoblauch, die Schalotten, Sellerie und Zucchini in etwas Olivenöl anschwitzen, mit Pfeffer und Salz nach Belieben würzen, mit einer Prise Zucker abschmecken und in die warm gehaltenen ausgehöhlten Tomaten füllen. Von den Zucchinischeiben einen Ring bilden und ihn ebenfalls mit dem Gemüse füllen. Das warme Krebsfleisch auf dem Reis anrichten. Wer mag, lässt das Fleisch in den Scheren und klopft sie erst am Tisch auf.
Als Beilage empfehle ich körnigen Reis und dazu einen trockenen Weißwein.

GEGRILLTER TINTENFISCH

Zutaten für 4 Portionen
700 g Tintenfischstücke
2 getrocknete Chilischoten
1 TL Fenchelsamen
6 Zweige Thymian
6 EL Olivenöl
3 EL Zitronensaft
Salz, Pfeffer aus der Mühle
1 unbehandelte Zitrone

Zubereitung

Die Tintenfischstücke auf beiden Seiten kreuzförmig einritzen. Aus den zerkrümelten Chilischoten, den zerdrückten Fenchelsamen, den Thymianblättchen, die vom Zweig gestreift werden, dem Olivenöl und dem Zitronensaft eine Marinade herstellen. Nach Belieben mit Salz und Pfeffer abschmecken. Die Tintenfischstücke darin etwa 4 Std. im Kühlschrank ziehen lassen. Die Stücke öfter wenden. Anschließend auf dem Grill von jeder Seite etwa 5 Min. grillen und mit den Zitronenvierteln garniert servieren. Als Beilage empfehle ich ofenfrisches Baguette und einen spritzigen Weißwein.

Cayenne-Chili
Der Geschmack
Serrano-
Chili ist scharf!

CALAMARI MIT BANDNUDELN UND PETERSILIENRAHM

Zutaten für 4 Portionen

- 800 g Calamari, küchenfertig, im Stück
- 400 g Petersilienwurzel
- 1 Zwiebel
- 2 unbehandelte Zitronen
- 125 ml Weißwein
- 250 ml Gemüsebrühe
- 4 EL Zitronensaft
- 400 ml Schlagsahne
- Salz, weißer Pfeffer aus der Mühle
- 4 EL Olivenöl
- 1 Bund glatte Petersilie
- 25 g Butter
- 500 g Bandnudeln (Tagliatelle)

Zubereitung

Die Calamari waschen und gut trocken tupfen. Mit Zitronensaft, etwas Weißwein und Pfeffer in einer Auflaufform oder flachen Schüssel marinieren. Gesalzen wird erst beim Braten. 15 Min. ruhen lassen. Die Petersilienwurzeln und die Zwiebeln schälen, in grobe Stücke schneiden. Beides in 2 EL Olivenöl in einer Pfanne andünsten. Mit Weißwein ablöschen und einkochen, bis die Flüssigkeit beinahe verschwunden ist. Die Gemüsebrühe angießen und auf die Hälfte reduzieren. Zuletzt die Schlagsahne aufgießen und ca. 5 Min. köcheln lassen. Mit dem Zauberstab gründlich pürieren und noch einmal mit Salz und Pfeffer abschmecken. Die Tagliatelle kochen, bis sie bissfest sind. Warm stellen.

Die Calamari längs halbieren, 4 Min. kräftig in Olivenöl anbraten, mit Zitronenscheiben von zwei Zitronen, etwas Butter und gehackter Petersilie weitere 2–3 Min. zu Ende braten, dabei leicht salzen.

Abgetropfte Tagliatelle mit der Sauce und gehackter Petersilie vermischen, auf vorgewärmten Pastatellern anrichten. Calamari auf die Nudeln legen. Es passt dazu ein leichter, spritziger Weißwein. Ich selbst esse die Zitronenscheiben nicht mit, sie dienen nur der Aromatisierung.

Calamari

TEUFLISCHE RIESENGARNELEN

Zutaten für 4 Portionen
500 g Riesengarnelen
3 Schalotten
4 Zehen Knoblauch
500 g Tomaten (im Winter aus der Dose)
4 EL Olivenöl
10 g Sambal Oelek
1 Bund Petersilie
Salz, Pfeffer
etwas Zucker

Zubereitung

Die Garnelen säubern, von der Schale befreien und den Darm entfernen. Die Schalotten und den Knoblauch schälen und klein würfeln. Frische Tomaten werden mit heißem Wasser abgebrüht, abgezogen, entkernt und in kleine Würfel geschnitten. Das Öl wird in einer großen Pfanne erhitzt, dann werden die Zwiebeln und der Knoblauch darin kurz angeschwitzt. Als Nächstes fügt man Sambal Oelek nach Belieben hinzu. Die gesäuberten und trocken getupften Garnelen dazugeben, ebenso die Tomaten. Alles kurz anbraten und mit Pfeffer, Salz und etwas Zucker abschmecken. Die Petersilie ganz zum Schluss gehackt dazugeben.
Dazu passt als Beilage hervorragend frisches Baguette oder Reis. Und ein eiskaltes Bier.

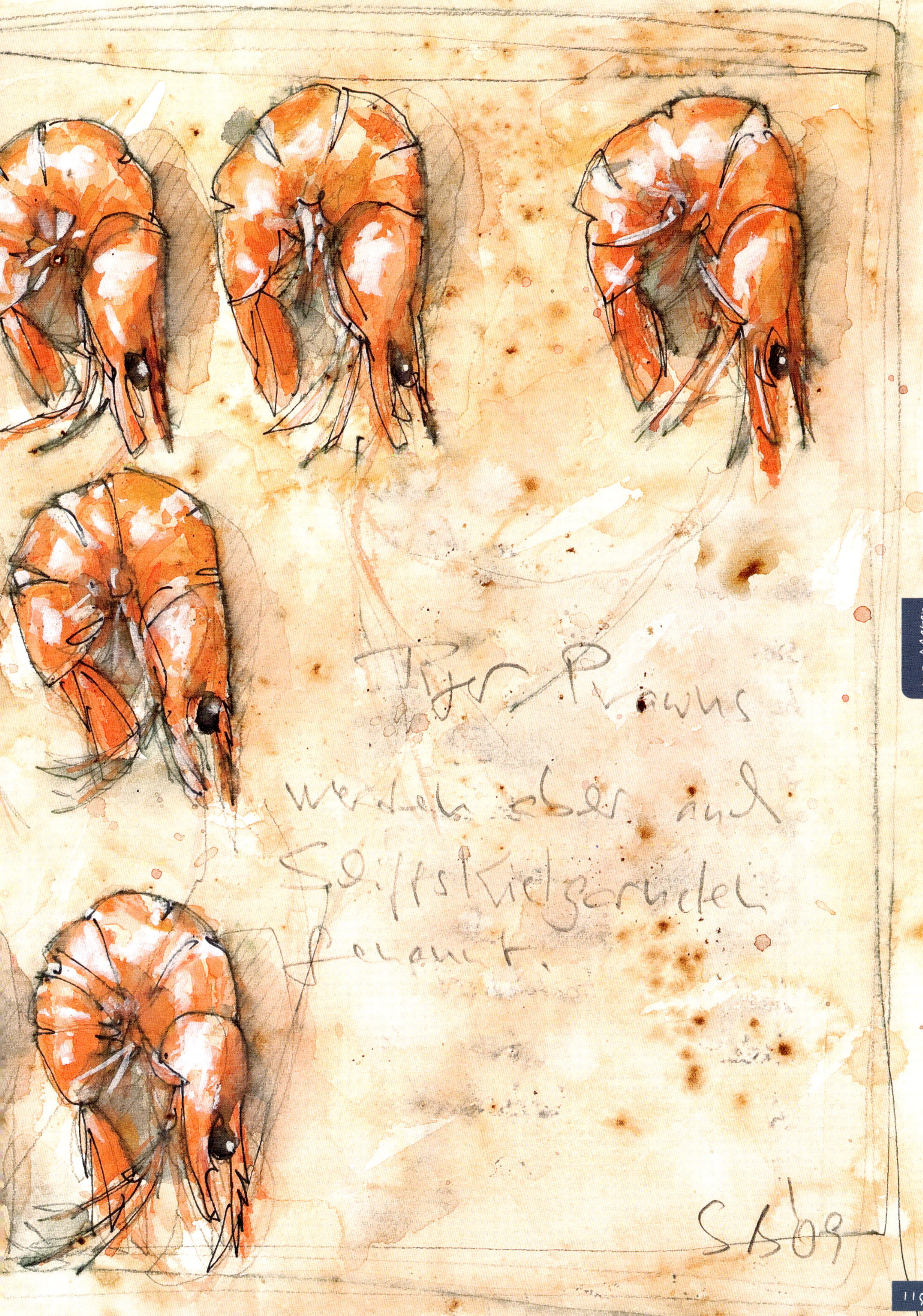
Tiger Prawns
werden aber auch
Schiffskielgarnelen
genannt.

SPECK-SCHOLLE

Zutaten für 4 Portionen
4 Schollen, küchenfertig
Saft 1 Zitrone
Mehl zum Wenden
Butterschmalz
Salz und Pfeffer
150 g Frühstücksspeck
1 Bund frischer Dill
2 Zwiebeln
1 unbehandelte Zitrone

Zubereitung

Von den Schollen den Kopf, den Schwanz und die Flossen abschneiden. Gründlich waschen, trocken tupfen und mit Zitronensaft beträufeln. Den Speck fein würfeln, die Zwiebeln in dünne Ringe schneiden. Den Dill fein schneiden. Die Speckwürfel in einer Pfanne bei mittlerer Hitze auslassen, herausnehmen und beiseite stellen. Dann die Zwiebelringe im Speckfett goldgelb braten, zu den Speckwürfeln geben. Die Schollen trocken tupfen, nach Belieben mit Salz und Pfeffer würzen, im Mehl wenden und nacheinander im Speckfett (falls das Speckfett nicht reicht, noch etwas Butterschmalz zugeben) bei mittlerer Hitze von jeder Seite 3–4 Min. braten und auf einer Platte warm halten. Den Speck und die Zwiebeln nochmals im Bratfett erhitzen und kurz vor dem Servieren über die Schollen geben. Den gehackten Dill darüberstreuen und mit Zitronenscheiben oder -spalten garnieren. Als Beilage empfehle ich Salzkartoffeln.

Plattgemacht

Rotzunge u. Scholle

Preiswerte Plattfische brät man knusprig einfach zu

HU
IN
HA

AAL MIT DILL

Zutaten für 4 Portionen
1 kg Aal ohne Kopf, gehäutet
1/2 Ltr. trockener Weißwein
1/2 Ltr. Brühe
250 ml Sahne
2 Schalotten
1 Karotte
3 Bund Dill
1 Bund glatte Petersilie
1 Bund Schnittlauch
1 TL weißer Pfeffer, ungemahlen
1 Lorbeerblatt
1 EL Zitronensaft
3 Eigelb

Zubereitung

Den Aal in 4 cm lange Stücke teilen. Die Schalotten in Ringe schneiden, die Karotte raspeln. Die Petersilie, den Schnittlauch und 1 Bund Dill fein hacken. Die Brühe und den Wein in einen flachen Topf geben, die gehackten Kräuter mit dem Lorbeerblatt, den Pfefferkörnern, den Schalottenringen und der Karotte darin aufkochen. 10 Min. ziehen lassen, dann den Aal salzen und hineingeben. Nun 20 Min. pochieren. Währenddessen den restlichen Dill zupfen. Den Aal aus der Brühe nehmen und warm stellen. Die Brühe durch ein Sieb gießen und bei großer Hitze einkochen lassen. Dill und Sahne dazu und wieder einkochen. Die fertige Sauce mit 3 Eigelb binden, mit dem Zitronensaft und Salz abschmecken. Den Aal wieder dazugeben.
Dazu passen Salzkartoffeln.

Schollenfilet mit Speck und Birnen

Für 4 Portionen
500 g Schollenfilet
3 große, nicht zu feste Birnen
5 Schalotten
200 g Speck
1 fertige Sauce Hollandaise
Salz und Pfeffer
eine Prise Cayennepfeffer
ca. 200 g geriebener Käse,
zum Beispiel Emmentaler

Zubereitung

Schollenfilets kurz in einem großen, flachen Topf andünsten. Den Speck und die Schalotten würfeln, Speck in einer extra Pfanne auslassen und Schalotten darin anbraten. Die Birnen schälen, in zwei Hälften schneiden, entkernen und kurz, ca. 1–2 Min., zu dem Speck und den Schalotten geben. Die Birnen herausnehmen. Den Speck und die Schalotten in eine Auflaufform geben. Den Fisch darüberschichten und mit den Birnen abdecken. Sauce Hollandaise nach Rezept auf der Verpackung zubereiten und darübergeben und mit Käse bestreuen, überbacken, bis der Käse die gewünschte Farbe hat. Nach Belieben mit Salz, Pfeffer und Cayennepfeffer abschmecken.
Als Beilage empfehle ich ofenfrisches Baguette oder Weißbrot.

sagen: Ich
heit verkehrt,
olten; er hat meine
nt in die Grube fahre
ut sich des Lichts.
uch sind die Sünden ver
Namens willen.
Es war die Stunde des Hofgangs in
gesenkten Kopf ging dort ein Ge
einer großen Last auf dem Ge
einsam-und verlassen.
Strafe zu erwarten.
zu seinen Füßen
ein anderer
hatte.

ÜBERBACKENE FISCHSTÄBCHEN

Zutaten für 4 Portionen
1 Paket Fischstäbchen
Öl zum Braten
2 Tomaten
250 g Champignons
1 Zwiebel
Salz und Pfeffer
100 g gewürfelter Speck
200 g geriebener Käse
(Emmentaler)

Zubereitung

Die Fischstäbchen in einer Pfanne von beiden Seiten in etwas Öl anbraten. Anschließend in eine Auflaufform geben. Die Tomaten werden gewaschen, in Scheiben geschnitten und auf den Fischstäbchen verteilt. Die Pilze putzen, auch in Scheiben schneiden und ebenso verteilen. Mit Pfeffer und Salz würzen. Den Speck anbraten und gleichmäßig auf die Tomaten- und Pilzscheiben geben. Den geriebenen Käse darauf verteilen. Als Beilage nehme ich Salzkartoffeln. Und, allerdings nicht für Kinder zu empfehlen, ein kaltes Bier.

KREBSGRATIN

Zutaten für 4 Portionen
Fleisch von 10 Tiefseekrebsen
3 EL Weißwein
2 Knoblauchzehen
200 g Parmesan
1 EL Zitronensaft
1 TL Oregano
1/2 Glas Semmelbrösel
3 EL gehackte Kräuter
Öl
Salz und Pfeffer

Zubereitung

1EL Öl mit dem Zitronensaft, Oregano, Weißwein und einer Prise Salz vermengen. Dann vermengt man die Semmelbrösel mit dem Parmesan und dem gepressten Knoblauch und den Kräutern. Die Mischung dient später zum Überbacken. Nun kommt das Krebsfleisch in eine Auflaufform und wird mit der Zitronensaft-Weißweinmischung übergossen. Danach gibt man die Semmelbrösel mit Parmesan über das Krebsfleisch. Anschließend noch ein paar Spritzer Öl und ab in den Ofen. Die Krebse etwa 15 Min. bei 225° C im Backofen backen. Dazu passt ein frisches Baguette.

Eben hat er sich bewegt,
nun is' er zerlegt!

Lachs oder Salm

Salmon salar

GEBACKENER SALM

Zutaten für 8 Portionen

- 2 1/2 kg ganzer Lachs (Salm), gesäubert und ausgenommen
- 3 Frühlingszwiebeln, grob gehackt
- 2 frische Dillzweige
- 1/2 Zitrone, in dünne Scheiben geschnitten
- 8 schwarze Pfefferkörner
- 60 ml trockener Weißwein
- 3 Lorbeerblätter
- 1 Zweig Rosmarin

Zubereitung

Den Backofen auf 180° C vorheizen. Den Salm unter fließend kaltem Wasser abspülen und innen und außen mit Küchenpapier trocken tupfen. Das Innere des Fischs mit den gehackten Frühlingszwiebeln, Dill, Zitronenscheiben, dem Rosmarin und Pfefferkörnern füllen.
Die doppelt gelegte Alufolie einölen und den Lachs darauf legen. Mit Weißwein beträufeln und mit Lorbeerblättern bedecken. Die Folie fest über dem Salm zusammenfalten. Den Salm in eine flache Auflaufform legen und 30 Min. backen. Den Ofen ausstellen und den Fisch weitere 45 Min. im Backhofen lassen, die Tür dabei geschlossen halten. Die Folie öffnen und vorsichtig die obere Haut vom Lachs ablösen. Den Fisch auf einen Servierteller legen und die Haut von der anderen Seite ablösen. Alle sichtbaren Gräten sowie die Flossen entfernen. Zimmerwarm mit einer Sauce Ihrer Wahl servieren. Dazu passen kleine fest kochende Kartoffeln.

gefa

LACHSLASAGNE MIT SPINAT

Zutaten für 4 Portionen

10–12 Lasagneplatten
300 g geriebener Käse, zum Beispiel Emmentaler
1 1/2 Packungen tiefgefrorener Spinat (oder 6 Hände frischer)
400 g Lachsfilet
2 Schalotten
350 ml Milch
275 ml süße Sahne
1 EL Mehl
Margarine
1 TL Tomatenmark
3 Knoblauchzehen
Salz und Pfeffer zum Abschmecken

ngener

Zubereitung

Den Spinat bei schwacher Hitze in etwas Wasser auftauen. Die Sahne in den Topf geben. Mit Salz und Pfeffer würzen. Den frischen Spinat gründlich waschen und kurz blanchieren. Für die Sauce ca. 1 EL Margarine in einem Topf schmelzen, mind. 1 1/2 EL Mehl dazugeben und anbräunen. Mit einer großen Tasse heißer Milch ablöschen. Einen halben Becher Sahne und einen halben Becher Wasser dazugeben (Menge je nach Bedarf). Mit reichlich Tomatenmark, dem gehackten Knoblauch und den gehackten Schalotten und einer großzügigen Prise Pfeffer würzen. Den Lachs im halb gefrorenen Zustand in kleine Würfel schneiden. In einer mittleren Auflaufform wie folgt schichten: Sauce, Lasagneblätter, Spinat, Lasagneblätter, Sauce und Lachswürfel, Lasagneblätter, Sauce und zum Schluss den geriebenen Käse. Bei 180–200° C Umluft ca. 30 Min. garen.

KOKOSRAGOUT

Zutaten für 4 Portionen
400 g Fischfilets (Seelachs, Lengfisch)
1 kleine Zucchini
1 rote Paprika
1 frische Peperoni
1 EL Öl
1 1/2 EL Currypulver
2 EL Sherry oder Reiswein
160 ml Fischfond
320 ml Kokosmilch
1 kleine Zwiebel
Salz und Pfeffer
Koriander
Korianderblättchen

Zubereitung

Das Gemüse kalt abspülen. Die Paprikaschote entkernen, putzen, in etwa 2 cm lange Streifen schneiden und zur Seite stellen. Die Peperoni einmal längs aufschneiden und die Kerne entfernen (wer es schärfer mag, kann sie auch drinlassen). Dann fein würfeln und zu den Paprikastreifen geben. Die Zucchini längs halbieren und in feine Scheiben schneiden. Das Öl in einem Topf erhitzen und die Zucchinischeiben darin etwa 5 Min. andünsten. Dann die Paprikastreifen und Peperonistückchen dazugeben und nochmals kurz dünsten. Das Currypulver über das Gemüse streuen und unterrühren. Mit dem Fischfond und dem Sherry bzw. Reiswein ablöschen. Sobald die Flüssigkeit zu köcheln beginnt, die Kokosmilch angießen und alles etwa 5 Min. leicht einköcheln lassen.
Den Fisch in mundgerechte Würfel schneiden. Die Zwiebel schälen und ebenfalls würfeln. Das Fischfilet und die Zwiebel in die Sauce geben und bei schwacher Hitze nochmals 5 Min. gar ziehen lassen. Wenn der Fisch gar ist, das Kokosragout mit Salz, Pfeffer und Koriander abschmecken und mit Korianderblättchen garniert servieren. Ich empfehle als Beilage Basmatireis.

Hot

FISCH-RATATOUILLE

Zutaten für 4 Portionen

5 Fischfilets (Pangasius) oder 500 g Fischfilets (Seelachs, Pangasius)
2 rote Paprika
1 Aubergine
3 Schalotten
1 Zucchini
2 Zehen Knoblauch
4 Tomaten
2 TL Gemüsebrühe
1 TL Kräuter der Provence
3 Stängel frische Petersilie
1 EL Zitronensaft
4 EL Sahne
4 EL Rotwein
2 EL Olivenöl
Salz, Pfeffer und Zucker
evtl. Tomatensaft

Zubereitung

Die Zwiebeln und den Knoblauch abziehen. Die Schalotten in kleine Würfel schneiden und den Knoblauch sehr fein hacken. Nun die Paprikaschoten, die Aubergine und die Zucchini waschen und in etwa gleich große Würfel schneiden. Das Olivenöl in einem großen Topf erhitzen und die Zwiebeln mit dem Knoblauch darin anschwitzen. Das geschnittene Gemüse dazugeben und bei mittlerer Hitze ca. 10 Min. anbraten. Die Tomaten mit heißem Wasser überbrühen, abziehen und würfeln, hinzugeben und ein paar Min. mit der Gemüsebrühe und den Kräutern der Provence einkochen lassen. Die Fischfilets in mundgerechte Stücke schneiden und zu dem Gemüse geben. Wenn viel Flüssigkeit verkocht ist, evtl. noch Tomatensaft hinzugeben. Alles mit Sahne, Rotwein, evtl. mehr Gemüsebrühe, ein wenig Zucker und der gehackten Petersilie abschmecken. Nach etwa 10 Min. – wenn der Fisch gar ist – servieren.

Zuerst wird der
Lachs gezeichnet

OSTERSE

SCHMORTOPF MIT SEEFISCH UND GEMÜSE

Zutaten für 4 Portionen
- 1 kg küchenfertiger Seefisch (zum Beispiel Seehase, Dorsch, Seelachs oder Kabeljau)
- 1 TL grobes Meersalz
- 4 Tomaten
- 1 grüne Paprika
- 500 g Kartoffeln
- 2 Schalotten
- 3 Knoblauchzehen
- 4 EL Olivenöl
- 3 Stängel Petersilie
- 4 Stängel Koriander
- 1 Lorbeerblatt
- 2 Nelken
- Salz und weißer Pfeffer

Zubereitung

Die Fische in mundgerechte Stücke schneiden. Den Fisch mit grobem Meersalz bestreuen, 60 Min. beiseite stellen. Die Tomaten am Stielansatz einritzen, kurz in kochendes Wasser tauchen, unter kaltem Wasser abschrecken, häuten, Samen entfernen, grob würfeln. Den Stielansatz und die Samen der Paprika entfernen, die Paprika waschen, grob würfeln. Kartoffeln schälen, grob würfeln. Die Zwiebeln und den Knoblauch schälen, fein hacken und in Olivenöl in einem großen Topf anschwitzen, bis sie glasig sind. Die Paprika und Tomaten auf den Zwiebeln und dem Knoblauch verteilen. Kartoffeln, die fein gehackten Kräuter und die Gewürze auf dieses Bett geben, salzen, pfeffern nach Geschmack, Wasser angießen und 10 Min. auf mittlerer Hitze kochen lassen. Das grobe Salz vom Fisch abwischen. Den Fisch mit weißem Pfeffer würzen, auf die Kartoffeln geben und auf kleiner Flamme im geschlossenen Topf dünsten, bis der Fisch gar ist. Er sollte noch fest sein und nicht auseinanderfallen.

hase

BUNTE FISCHPFANNE

Zutaten für 4 Portionen
4 Fischfilets à 250 g
2 Karotten
1 Zwiebel
1 kleine Tomate
1 Pck. Blattspinat (oder 4 Hände frischer Spinat)
200 ml Weißwein
1 Becher Sahne
1 TL Zitronensaft
4 Eier
Salz, Pfeffer
4 Stängel Dill
2 TL Olivenöl

Zubereitung

Die Fischfilets würzen und in etwas heißem Olivenöl beidseitig anbraten. Dann noch in der Pfanne in kleine und mundgerechte Stücke schneiden. Anschließend herausnehmen, mit etwas Zitronensaft marinieren und warm halten. Die Karotten und Zwiebeln schälen, fein würfeln und ebenfalls in der Pfanne andünsten. Den Spinat nun mit in die Pfanne geben und kurz anschwitzen. Frischer Spinat muss vorher gründlich gewaschen werden. Mit Weißwein ablöschen. Die Sahne zufügen und so lange einköcheln lassen, bis die Sauce um ca. 1/3 reduziert ist. Bei Bedarf evtl. etwas Speisestärke mit wenig warmem Wasser angerührt zugeben, damit die Sauce schön sämig wird. Inzwischen die 4 Eier wie Frühstückseier ca. 8–9 Min. hart kochen. Die Fischstückchen nun zur Sauce geben und alles mit dem gehackten Dill und Salz und Pfeffer nach Belieben abschmecken. Die klein gewürfelte Tomate zugeben. Etwa 5 Min. auf kleiner Stufe weiterköcheln lassen. Die Eier schälen und vierteln. Auf Tellern anrichten und die geviertelten Eier zur Dekoration mittig darauf geben. Nach Belieben Reis, Kartoffeln oder Pasta dazu reichen. Ich dekoriere die Eier gerne mit Seehasenrogen oder echtem Kaviar.

BANDNUDELN MIT RÄUCHERLACHS UND SPINAT

Zutaten für 4 Portionen
Pro Portion 1 Hand voll frischer Blattspinat
2 Becher Schmand
105 g Räucherlachs
500 g Bandnudeln
2 Schalotten
2 Zehen Knoblauch
Salz und Pfeffer,
1 TL Zitronensaft
Butter

Zubereitung

Die Zwiebeln und den Knoblauch fein hacken und in etwas Butter in einer hohen Pfanne anschwitzen. Den Blattspinat gründlich waschen, die Blätter grob zerhacken und in einem Topf mit wenig Wasser kurz blanchieren. In die Pfanne zu den Zwiebeln und dem Knoblauch geben und gut durchschwitzen. Mit Salz und Pfeffer nach Belieben würzen. Den Schmand unter den Spinat rühren, mit Zitronensaft abschmecken. Den Räucherlachs in Streifen schneiden und zur Spinat-Schmandmasse geben. Die fertig gekochten Bandnudeln unter die Masse heben und servieren. Nach Belieben mit Salz und Pfeffer abschmecken.

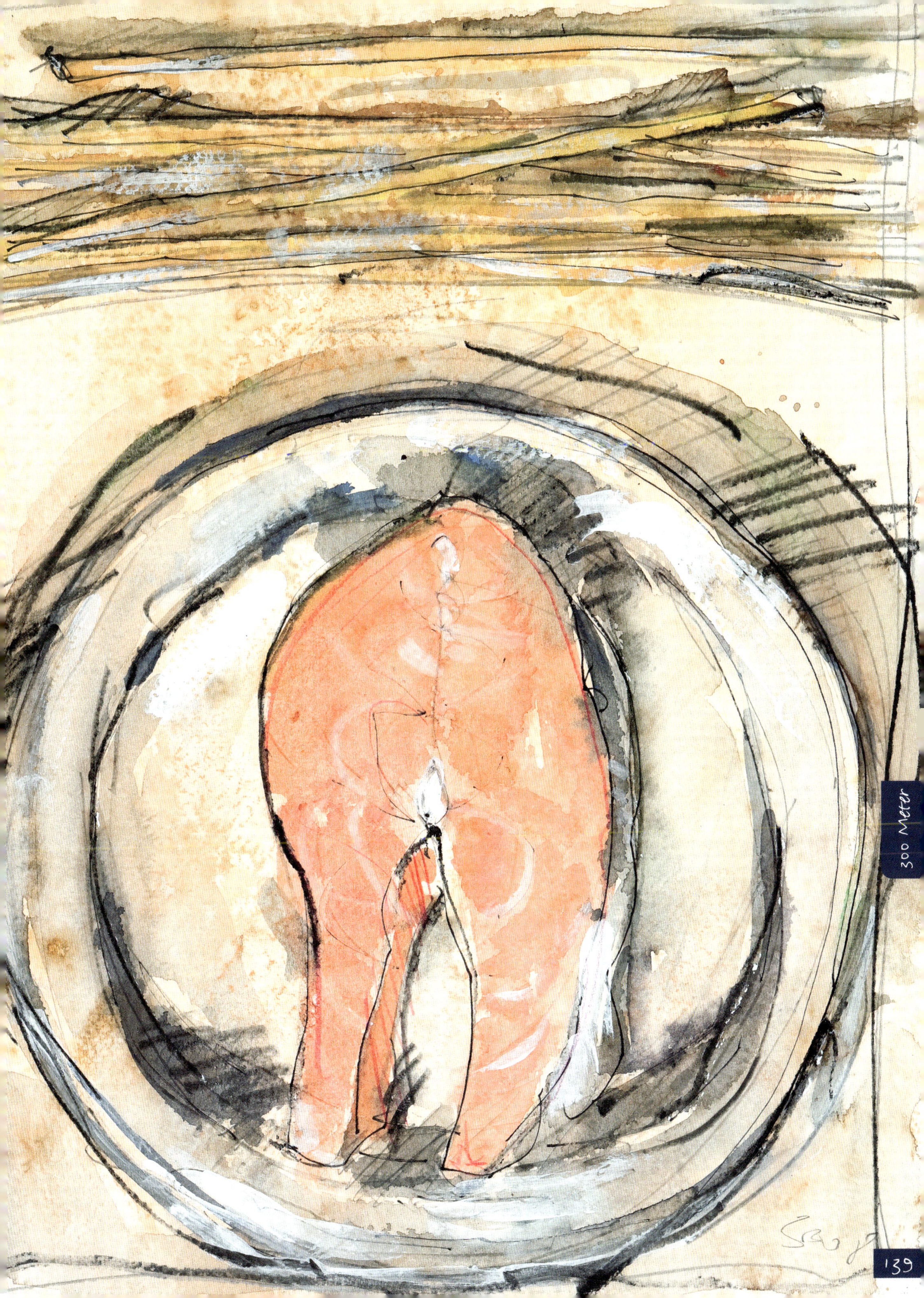

Nimm uns mit Kapitän auf die Reise
nimm uns mit in die weite, weite Welt
wohin geht Kapitän dein [illegible]?

EIER-LACHS-SALAT

Zutaten für 4 Portionen
100 g geräucherter Lachs
4 Eier
1 Dose Mandarinen
2 EL Mayonnaise
1 EL Sahne

Zubereitung

Lachs würfeln, die Eier hart kochen, pellen und hacken, Mandarinen abtropfen und mit den anderen Zutaten in einer Schüssel vermengen. Dazu passt Schwarzbrot.

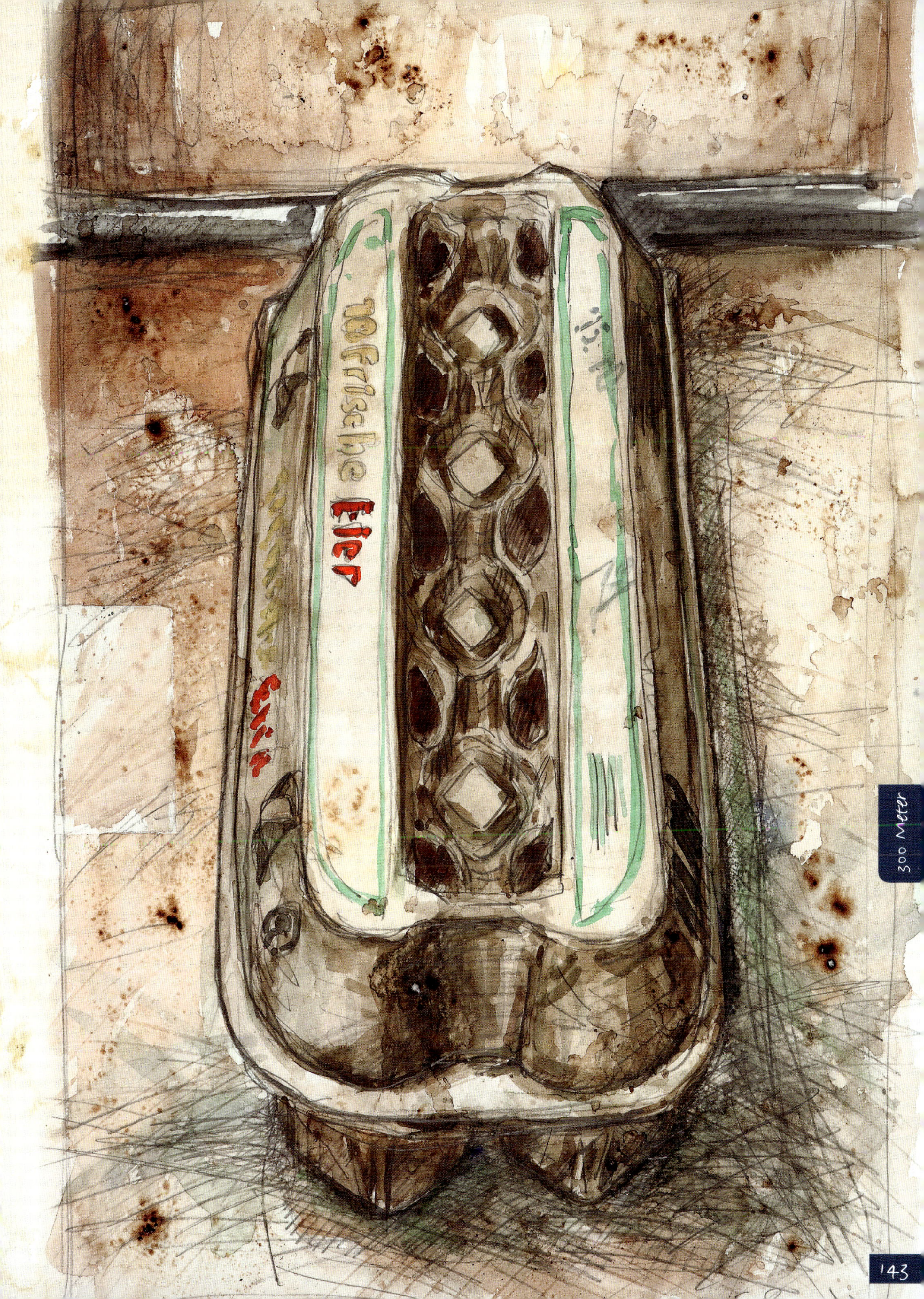
10 Frische Eier

FISCHGULASCH MIT BANANEN-CURRY

Zutaten für 4 Portionen
650 g frisches Seelachsfilet
3 EL Zitronensaft
1 großer Apfel
2 kleine Bananen
2 kleine Zwiebeln oder 2 Schalotten
150 ml saure Sahne
1 geh. EL Currypulver
2 EL Öl zum Braten
Salz und Pfeffer
1 1/2 Tassen Reis
4 Tassen Gemüsebrühe
1 TL Kurkuma
1 1/2 Hand voll frischer Bärlauch
Cayennepfeffer
4 Tomaten

Zubereitung

Das Seelachsfilet abtupfen. Danach mit dem Zitronensaft beträufeln, salzen, pfeffern und beiseite legen. Dann die geschälte Zwiebel in Würfel schneiden und glasig andünsten. Den Apfel säubern, entkernen und ebenfalls in Würfel schneiden sowie die geschälten Bananen in Scheiben schneiden und würfeln. Dies wird alles der Reihe nach in einer hohen Pfanne im Öl leicht angebraten. Danach erst kommt der grob gewürfelte Fisch dazu und wird ebenfalls angedünstet. Dann wird das Ganze mit der sauren Sahne abgelöscht. Salz und Pfeffer nach Belieben dazugegeben. Man lässt alles kurz aufkochen und nimmt es sofort vom Feuer. Der Reis wird in der nur leicht gesalzenen Brühe gekocht. Kurz bevor er gar ist, wird der grob gehackte Bärlauch zugegeben. Einige Blätter für die Dekoration aufheben. Mit Salz und Kurkuma abschmecken. Den Reis in die Tasse als Form geben und auf den Teller stürzen. Den Fisch-Gulasch dazu anrichten und mit ein paar kleinen Bärlauchblättern sowie Tomaten garnieren.

ÜBERBACKENER LACHS

Zutaten für 4 Portionen

4 Lachssteaks
250 g Krabben
1 TL Zitronensaft
1 Becher Sahne
1 Becher Schmand
1 Bund Dill
2 EL Krebspaste (oder Butterflocken)
Salz und Pfeffer

Zubereitung

Die Lachssteaks nach Belieben salzen, pfeffern und in eine Auflaufform geben. Die Sahne mit dem Schmand, der Krebspaste, den Krabben und dem klein geschnittenen Dill gut verrühren, über das Ganze gießen. Bei 180° C 30 Min. backen.
Dazu schmeckt Reis, wer mag, gemischt mit Erbsen. Sauce benötigt man nicht, ich nehme stattdessen die Flüssigkeit aus der Auflaufform.

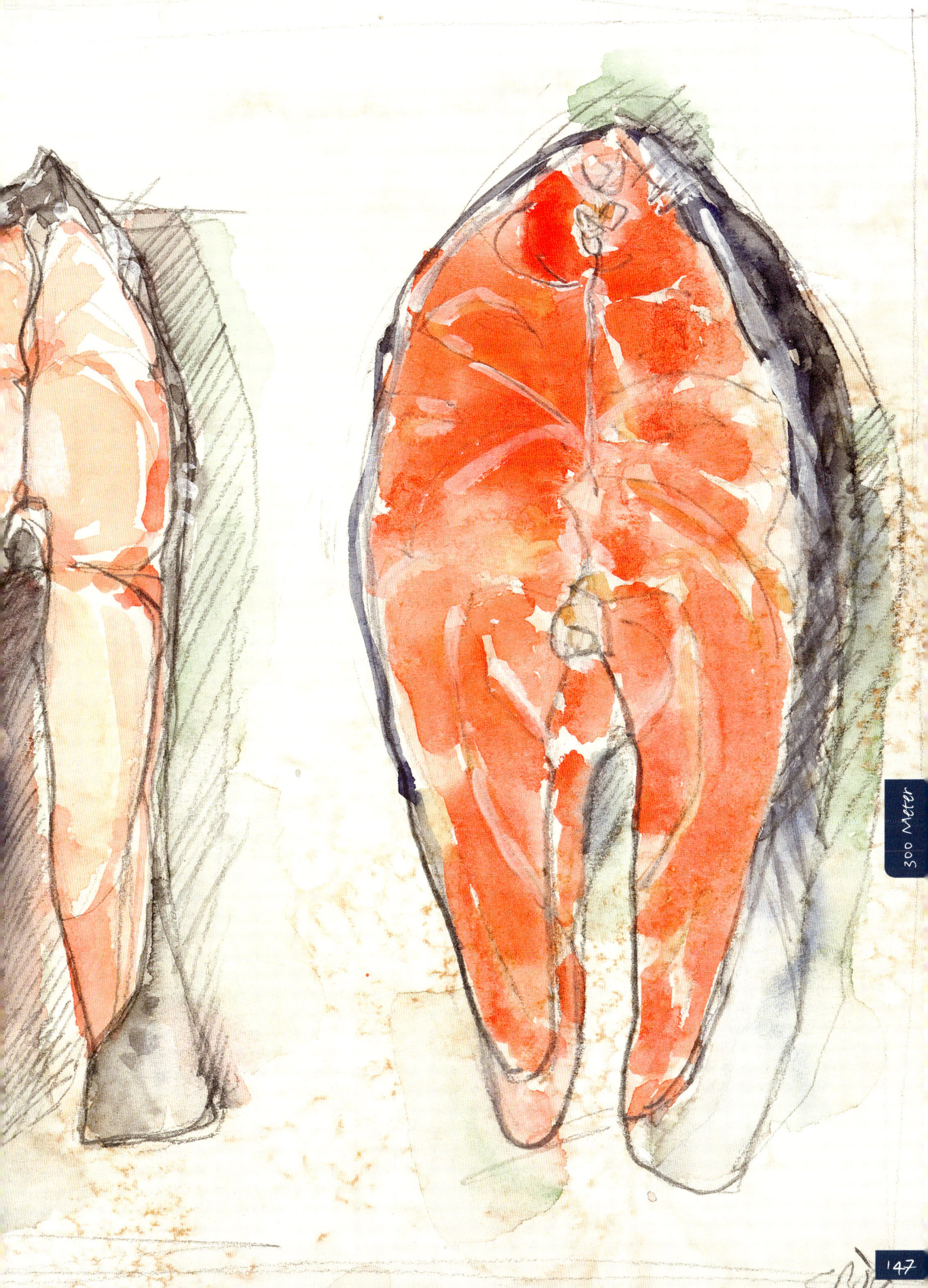

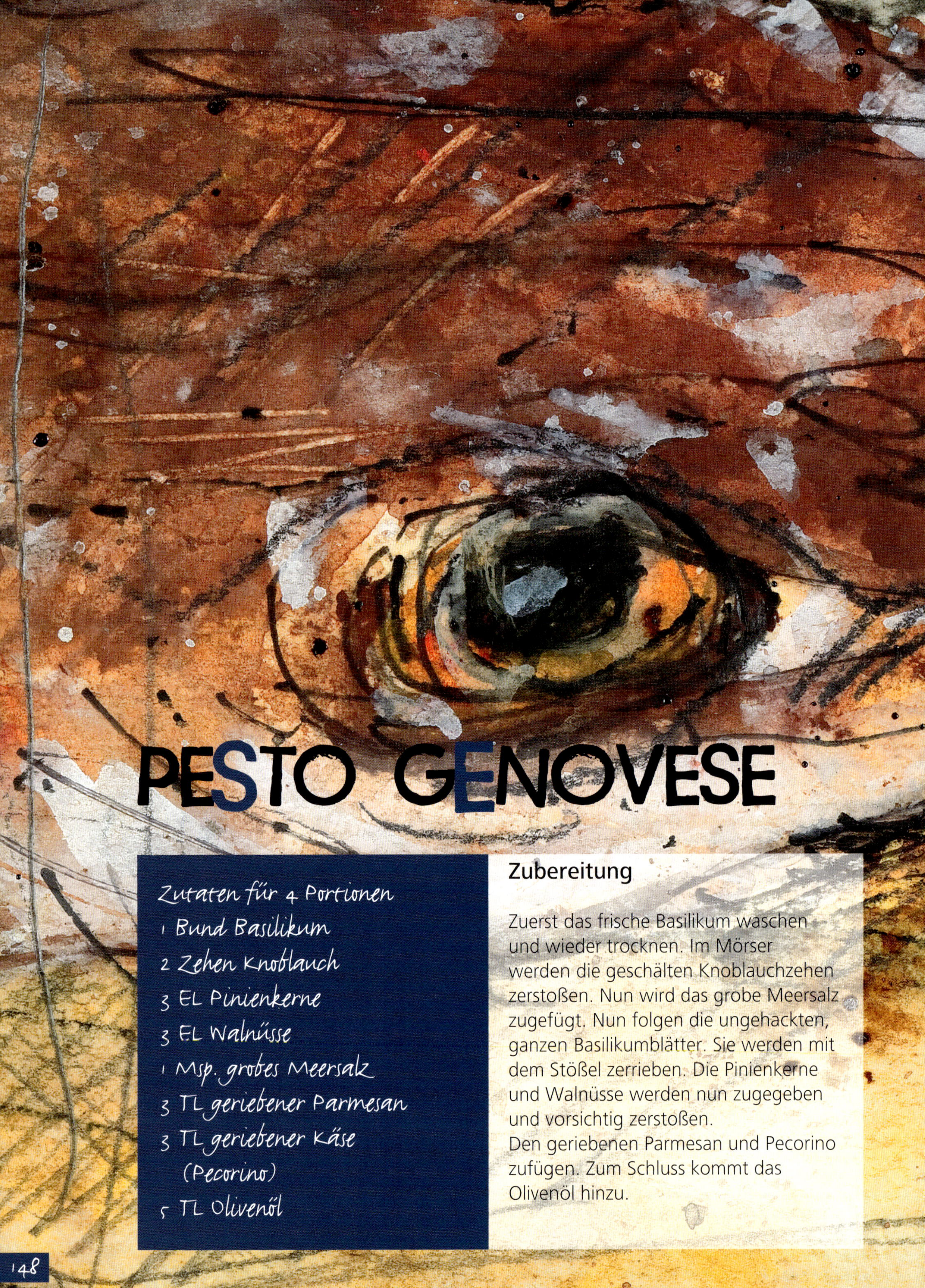

PESTO GENOVESE

Zutaten für 4 Portionen
- 1 Bund Basilikum
- 2 Zehen Knoblauch
- 3 EL Pinienkerne
- 3 EL Walnüsse
- 1 Msp. grobes Meersalz
- 3 TL geriebener Parmesan
- 3 TL geriebener Käse (Pecorino)
- 5 TL Olivenöl

Zubereitung

Zuerst das frische Basilikum waschen und wieder trocknen. Im Mörser werden die geschälten Knoblauchzehen zerstoßen. Nun wird das grobe Meersalz zugefügt. Nun folgen die ungehackten, ganzen Basilikumblätter. Sie werden mit dem Stößel zerrieben. Die Pinienkerne und Walnüsse werden nun zugegeben und vorsichtig zerstoßen.
Den geriebenen Parmesan und Pecorino zufügen. Zum Schluss kommt das Olivenöl hinzu.

GRATINIERTER SEEHECHT

Zutaten für 4 Portionen

4 Seehechtfilets
1 Kg Kartoffeln
1 Kg Tomaten
4 TL Pesto Genovese
1 TL Kapern
1 Bund Basilikum
1 EL Olivenöl
1 EL Zitronensaft
1/2 TL Zucker

Zubereitung

Die Kartoffeln in Salzwasser kochen, kalt abschrecken und abpellen. In Scheiben schneiden. Die Tomaten waschen, vom Strunk befreien und würfeln. 3 TL Pesto mit den Kapern, der Hälfte der gehackten Basilikumblätter, dem Olivenöl und dem Zitronensaft vermischen. Mit Zucker abschmecken. Die Kartoffelscheiben und Tomaten mit der Öl-Gewürzmischung vermischen und in eine Auflaufform geben. Mit Salz, Pfeffer und dem restlichen Basilikum bestreuen. Die Fischfilets mit 1 EL Pesto einreiben und mit Salz und Pfeffer nach Belieben würzen. Auf das Gemüse legen und mit etwas Parmesan bestreuen. Bei 200° C etwa 30 Min. gratinieren.

GEBRATENER KNURRHAHN Kik

Zutaten für 4 Portionen
1000 g Knurrhahnfilet (pro Portion 2 Filets)
500 g dicke Bohnen
300 g grüne Prinzessbohnen
2 Stangen Porree
16 kleine Strauchtomaten
2 EL gehackte Petersilie
Olivenöl
3 EL Butter
Salz und Pfeffer aus der Mühle

Zubereitung

Beide Bohnensorten kurz blanchieren, eiskalt abschrecken und gut abtropfen lassen. Die dicken Bohnen aus der Pelle drücken. Die Prinzessbohnen salzen, in eine kleine Auflaufform legen, mit einigen Butterflocken belegen und für 10 Min. in den auf 160° C vorgeheizten Backofen schieben.Den Porree in ca. 6 cm breite Abschnitte und diese längs in feine Streifen schneiden. Ca. 30 Sekunden in kochendem Wasser blanchieren, eiskalt abschrecken und gut abtropfen lassen. In zerlassener Butter schwenken und etwas salzen. Warm stellen. Die dicken Bohnen in zerlassener Butter schwenken und mit Pfeffer und Salz, evtl. noch etwas Muskat würzen. Die Tomaten in Olivenöl 15 Min. in geschlossenem Topf bei geringer Hitze schmoren. Die Fischfilets auf der Hautseite in Butter mit mittlerer Hitze anbraten. Wenden. Platte ausstellen und den Fisch durchgaren lassen. Etwas salzen. Porreestreifen flächig auf die Teller verteilen und die Filets darauf anrichten. Schmortomaten und dicke Bohnen darum verteilen. Die Prinzessbohnen zu den Tomaten auf die Bohnen legen. Das Olivenöl-Tomatensaft-Gemisch kurz aufschlagen und über das Gericht tröpfeln. Petersilie darüberstreuen.

erikie

DORSCH MIT RETTICH UND GURKE

Zutaten für 4 Portionen
4 Dorschfilets
200 g Rettich
1 El Zucker
1 El Limettensaft
1/2 Glas Sesamkörner
1 Gemüsegurke
1 Chili
1 El Weinessig
Öl
Salz und Pfeffer aus der Mühle

Zubereitung

Die Fischfilets werden zunächst mit Salz, Pfeffer und dem Limettensaft gewürzt. Aus der Gurke werden die Kerne entfernt und das Fruchtfleisch wird in Würfel geschnitten und leicht gesalzen. Der Rettich wird nun gerieben und die Chilischote klein gehackt. Die Gurke, Chili und Rettich werden in einer Schale vermengt und mit dem Weinessig, Zucker und etwas Salz abgeschmeckt. Nun wird der Dorsch von allen Seiten in gutem Öl, zum Beispiel Nussöl, gebraten, bis er auch in der Mitte nicht mehr glasig ist. Die Gurkenmischung kann getrennt oder auf dem Fisch serviert werden. Dazu passen Petersilienkartoffeln und Gemüse der Saison.

Daikon
Rettich

NUDELN MIT DORSCH-WEIßWEINSAUCE

Zutaten

500 g Dorsch
100 ml Weißwein
1 Zwiebel
4 Tomaten (im Winter 1 Dose Tomaten)
2 Knoblauchzehen
grüne Oliven
1 Tl Fenchelkraut
Öl
Salz
Pfeffer
300 g Nudeln (Spaghetti)

Zubereitung

Der gehackte Knoblauch und die gehackte Zwiebel werden in einer hohen Pfanne in etwas Olivenöl angedünstet. Parallel werden die Nudeln al dente (bissfest) gekocht. Der Dorsch wird gewürfelt und kommt dann zu den Zwiebeln und dem Knoblauch. Mit Salz und Pfeffer nach Belieben abschmecken. Anschließend wird mit dem Wein abgelöscht. Kurz weiterköcheln lassen. Nun werden die Tomaten klein geschnitten und mit den fertigen Nudeln im Wein-Fisch-Sud geschwenkt. Zuletzt wird das Ganze mit dem Fenchel und den Oliven abgerundet.

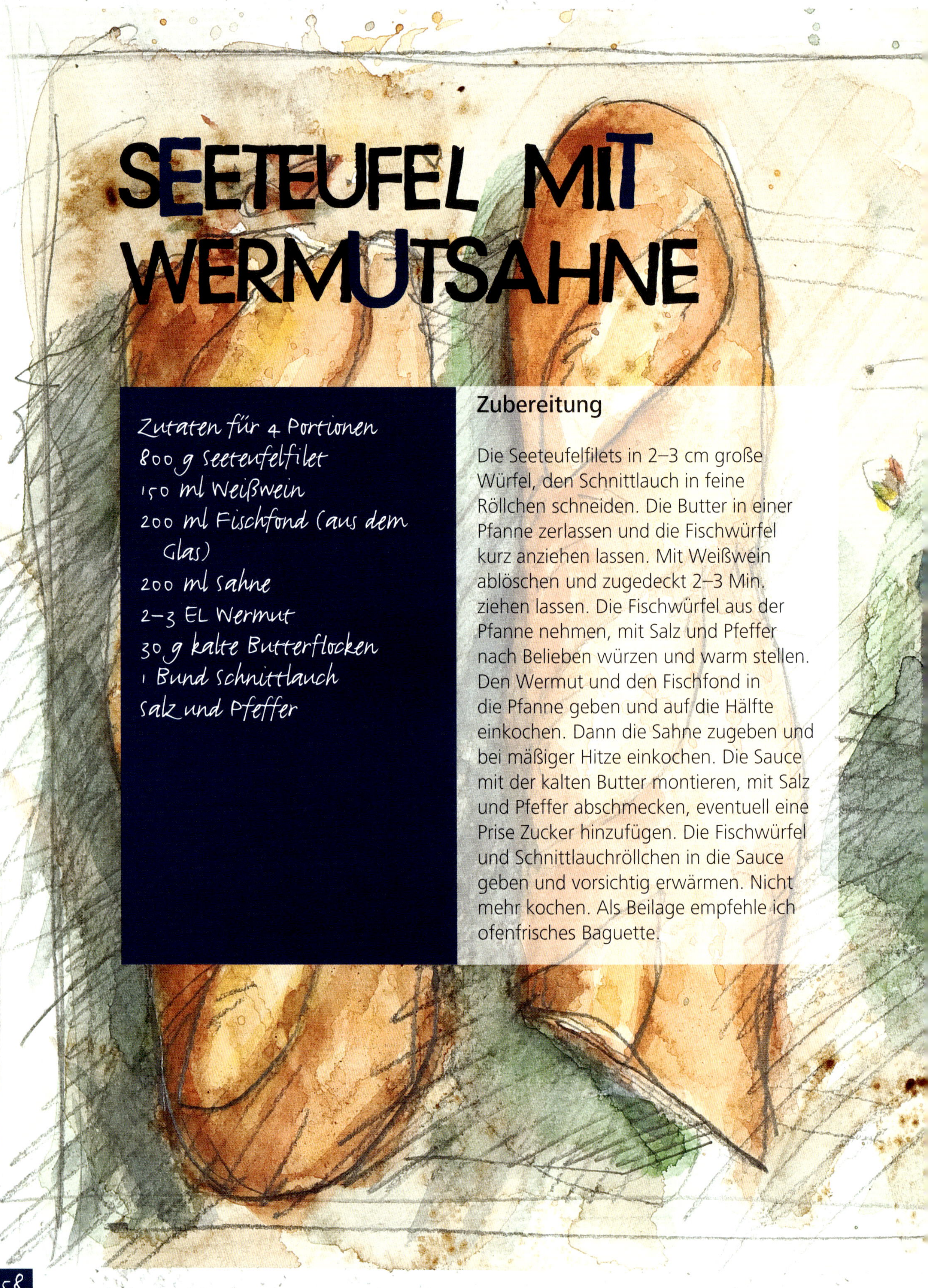

SEETEUFEL MIT WERMUTSAHNE

Zutaten für 4 Portionen
800 g Seeteufelfilet
150 ml Weißwein
200 ml Fischfond (aus dem Glas)
200 ml Sahne
2–3 EL Wermut
30 g kalte Butterflocken
1 Bund Schnittlauch
Salz und Pfeffer

Zubereitung

Die Seeteufelfilets in 2–3 cm große Würfel, den Schnittlauch in feine Röllchen schneiden. Die Butter in einer Pfanne zerlassen und die Fischwürfel kurz anziehen lassen. Mit Weißwein ablöschen und zugedeckt 2–3 Min. ziehen lassen. Die Fischwürfel aus der Pfanne nehmen, mit Salz und Pfeffer nach Belieben würzen und warm stellen. Den Wermut und den Fischfond in die Pfanne geben und auf die Hälfte einkochen. Dann die Sahne zugeben und bei mäßiger Hitze einkochen. Die Sauce mit der kalten Butter montieren, mit Salz und Pfeffer abschmecken, eventuell eine Prise Zucker hinzufügen. Die Fischwürfel und Schnittlauchröllchen in die Sauce geben und vorsichtig erwärmen. Nicht mehr kochen. Als Beilage empfehle ich ofenfrisches Baguette.

Die Meerforelle ist

LACHSFORELLE AUS DEM OFEN

Für 4 Portionen
1 Lachsforelle, ca. 750 g
6 Strauchtomaten
5 getrocknete Tomaten
6 Zehen Knoblauch
1 unbehandelte Zitrone
10 entkernte schwarze Oliven
200 ml Prosecco
30 ml Olivenöl
Salz und Pfeffer
Kräuter der Provence

Zubereitung

Den Knoblauch schälen. Zwei der Zehen durchpressen. Die Zitrone auspressen. Das Knoblauchmus, 2/3 vom Zitronensaft und das Olivenöl mit einer Prise Salz vermengen. Die Lachsforelle säubern, gut mit dem restlichen Zitronensaft säuern und innen und außen salzen. In einem Abstand von etwa 2 cm den Fisch leicht einritzen. Den Fisch mit der Zitronensaft-Olivenölmischung reichlich innen und außen einpinseln. Etwa 1 TL der Mischung übrig lassen. Die Forelle etwa 10 Min. darin marinieren lassen.
Den Ofen auf 190° C Ober- und Unterhitze vorheizen. Einen Bräter erhitzen, etwas Olivenöl eingeben und den Fisch darauf legen. In den Ofen geben und dort etwa 20 Min. geschlossen garen. Alle 10 Min. mit dem restlichen Öl bestreichen. Währenddessen Tomaten halbieren, die getrockneten Tomaten würfeln und die schwarzen Oliven in Ringe schneiden. Dies nach 20 Min. mit dem Prosecco und den restlichen 4 angedrückten Knoblauchzehen in den Bräter hineingeben. Weitere 5–8 Min. garen. Danach den Bräter öffnen und den Ofen für etwa 10 Min. auf die höchste Stufe und Grillfunktion stellen, damit die Haut knusprig wird. Mit Zitronenscheiben dekoriert servieren. Ich empfehle als Beilage mediterranes Gemüse, wie zum Beispiel Zucchini oder gebratene Auberginen.

SEETEUFEL AUS DEM OFEN

Zutaten für 4 Portionen
4 Seeteufelfilets
4 Frühlingszwiebeln
1 Lauchstange
1 unbehandelte Zitrone
30 g Butter
2–3 EL Zitronensaft
Salz und Pfeffer
4 Bögen Pergamentpapier

Zubereitung

Die Zitrone wird in dünne Scheiben geschnitten. Die Frühlingszwiebeln und den Lauch schneiden wir in Streifen oder kleine Ringe. Die Filets werden einzeln auf Pergamentpapier gelegt, nach Belieben gesalzen und gepfeffert. Zusätzlich wird der Fisch noch mit Zwiebeln und Lauch belegt, jeweils einen TL Butter und 3 Zitronenscheiben zugeben. Zum Schluss mit Zitronensaft beträufeln. Jetzt wird der Seeteufel eingepackt und bei 180° C für 20 Min. gebacken, bis er schön zart ist. Als Beilage empfehle ich Petersilienkartoffeln mit gekochtem Fenchelgemüse.

1
2 Gänseschma
3 Margarine, Bo
4 Butter, Stück
5 Bauchspeck,
6 Landleberwur
7 Hausm.-Blutw
8 Heidefrühstüc
9 Frühstücksfle
10 Schweinskop
14 Salami, St. 65
15 Aro Bockwürs
16 Rinder Rahm
17 Rindfleisch, D
18 Schweinefleis
19 Rindergulasc
20 Heringfilet i.
21 Hawesta Her
22 Thunfisch in

ROSENKOHL-AUFLAUF

Zutaten für 4 Portionen
400 g Rosenkohl
500 g Kabeljaufilet
4 Tomaten
250 ml Sahne
3 Eier
2 EL Zitronensaft
50 g geriebener Käse (Gouda)
Salz und Pfeffer
2 EL gehackte glatte Petersilie
Muskat

Zubereitung

Der Rosenkohl wird geputzt und jeweils am Stielansatz eingeschnitten. Die Röschen werden anschließend in Salzwasser ca. 3 Min. blanchiert und dann mit kaltem Wasser in einem Sieb abgeschreckt. Die Tomaten werden geputzt und die Strünke herausgeschnitten. Nun die Tomaten in Scheiben schneiden. Der Fisch wird gewaschen, trocken getupft und in mundgerechte Stücke geschnitten. Mit Zitronensaft beträufeln. Alle Zutaten werden vermengt und in eine gefettete Auflaufform gegeben. Mit Salz und Pfeffer nach Belieben abschmecken.
In einer Schüssel werden die Eier, die Sahne und der Käse vermischt. Mit Salz, Pfeffer und Muskat abschmecken. Die Mischung über die Rosenkohl-Fischmasse geben. Die Auflaufform in den auf 180° C vorgeheizten Ofen geben und den Auflauf ca. 30 Min. garen lassen. Als Beilage empfehle ich Baguette.

Brassica oleracea
var. gemmifera
Bei diesen
Wintergemüse
bilden sich die
winzigen Kohl
Köpfchen so

600 Meter

GEFÜLLTER ROTBARSCH

Zutaten für 4 Portionen
750 g Rotbarschfilets
200 g Champignons
125 g Krabben
2 EL gehackte Zwiebel
50 g Butter
50 g Mehl
2 Knoblauchzehen
1/8 Ltr. saure Sahne
4 EL Weißwein
4 EL Zitronensaft
Zucker
Salz und Pfeffer
Muskat

Zubereitung

Der Fisch wird mit Zitronensaft beträufelt und nach Belieben gesalzen. Dann wird er der Länge nach halbiert und zusammengerollt. Die Röllchen werden in einer eingefetteten Form aufgestellt, sodass wir von oben unsere Füllung hineingeben können. Für die Füllung würfeln wir die Champignons klein und dünsten diese mit der sehr fein gehackten Zwiebel und dem fein gehackten Knoblauch in einem Topf in Butter an. Mit dem Weißwein ablöschen. Die saure Sahne wird mit dem Mehl vermengt und wird in den Topf gegeben. Einige Min. köcheln lassen. Zum Schluss kommen die Krabben mit hinein.
Das Ganze wird nun nach Belieben abgeschmeckt mit Salz, Pfeffer, Muskat und Zucker. Jetzt kann die Füllung in die Röllchen gegeben werden. Auf die Röllchen werden noch Butterflocken gelegt. Zugedeckt für ca. 20 Min. im Ofen garen lassen. Dazu empfehle ich frisches Baguette und einen spritzigen Weißwein.

tarsCh

DANKE

Auch dieses Kochbuch, das zweite, das ich illustrierte, und das erste mit Rezepten, die ich selbst zusammensuchte, konnte nur durch die Unterstützung vieler Helfer realisiert werden. Stellvertretend für Freunde, Bekannte, Nachbarn, Gastronomen und so viele mehr, die ich hier (aus Platzgründen) nicht nenne, danke ich: Heico Bauerle, Küchenchef im Best Western Queens Hotel Hamburg. Er korrigierte die Rezepte, von denen manche ihm sicherlich ein Schmunzeln entlockten, Nico Himmelreich, der weit mehr als ein »Käseonkel« ist, und Knut Plambeck, dessen fantastische Schiffsmodelle aus alten Ölfässern ich porträtieren durfte. Und da Freunde sich ja stets unterstützen, klappere ich an dieser Stelle für:

Knut Plambecks Galerie Wasserspiegel:
www.wasserspiegel.com

Nico Himmelreichs Feinkostgeschäft »Genussvoll«:
www.genussvoll-bergedorf.de

Sven Brauer

Noch OhN